# OBM
## 설득마케팅

# OBM
# 설득마케팅

2017년 7월 20일 초판 1쇄 발행
2018년 8월 23일 초판 2쇄 발행
2019년 6월 28일 초판 3쇄 발행

**지은이** 김효석·이경우·이승훈

**발행인** 조명곤
**편 집** 김이수
**디자인** 프리스타일

**펴낸곳** 일월일일 04007 서울시 마포구 희우정로 122-1, 현대빌딩 201호
**대표전화** 02) 335-5307·**팩시밀리** 02) 3142-2559
**출판등록** 2013. 3. 25(제2013-000088호)

ISBN 979-11-961396-0-5  03320

- 이 책의 판권은 지은이와 일월일일에 있습니다. 양측의 서면 동의 없는 무단 전재와 복제를 금합니다.
- 이 도서의 국립중앙도서관 출판시도서목록(CIP)은 서지정보유통지원시스템 홈페이지(http://seoji.nl.go.kr)와 국가자료공동목록시스템(http://www.nl.go.kr/kolisnet)에서 이용하실 수 있습니다.
  (CIP제어번호: CIP2017016537)
- 잘못된 책은 구입하신 서점에서 바꾸어 드립니다.
- 독자 여러분의 의견과 참여를 기다립니다.
  **이메일** publish1111@naver.com

공식으로 승부하는 **OBM 설득마케팅**

김효석·이경우·이승훈 지음

일일일

OBM은

마음을 열고(Open),
믿음을 주고(Believe),
바로 행동하라(Move)는

설득 마케팅 공식의 핵심이다.

**프롤로그**

# 이젠 소통과 설득 능력이 시대를 건너는 힘
_김효석

원시시대나 농경사회에서는 힘세고 성실한 사람이 대세였다. 지식사회에서는 열심히 공부하는 사람이 대세였다. 하지만 초고속 정보화시대인 지금은 인간관계에서 가장 중요한 소통과 설득 능력이 대세로 자리 잡고 있다.

주변을 둘러보자. 하루에도 수십, 수백 명의 사람을 만나고 대화하며 일하는 사람이 얼마나 많은가? SNS로 맺어진 수천, 수만의 사람들과 소통하며 성공의 길을 달리는 이들이 얼마나 많은가?

그런가 하면 그 반면에 관계와 소통에 어려움을 겪은 나머지 숱하게 좌절하는 사람이 얼마나 많은가? 또 누구

못지않게 치열하게 노력하는데도 시대의 핵심을 잡지 못해 뒤처지는 사람이 얼마나 많은가?

이제 새로운 시대의 핵심 능력, 즉 소통과 설득 능력을 잡기 위해 더욱 신경 써야 한다.

필자는 어려운 집안 형편 덕분(?)에 일찍이 영업에 눈을 떠서 풍부한 소통 경험을 쌓았다. 혈기 왕성할 때는 필자만의 설득 기술을 활용해서 오로지 돈을 벌어 출세하겠다는 욕심을 채우기도 했다.

하지만 인생의 반환점을 도는 자리에 서고 보니 혼자 가는 길보다 함께 가는 길이 더 소중하다는 것을 알았다. 이제 소통과 설득 능력이 곧 힘이고 권력인 시대를 맞아 그동안 현장에서 활용했던 필자의 소통과 설득의 기술을 공개한다.

많은 이들이 이 책으로 소통과 설득 능력을 잡아 시대의 대세가 되기를 소망한다. 특히 마케팅을 직업으로 삼고 있거나 소통과 설득 능력이 핵심 능력으로 요구되는 세일즈 강사님들에게 조금이나마 도움이 되기를 바란다.

## 설득으로 먹고 사는 이들을 위해
_이경우

  우리는 태어나면서 단순한 몸짓과 소리 등을 통해 감정을 표현하다가 두어 살쯤 되어서부터 간단한 낱말과 짧은 문장으로 말을 하기 시작한다. 그렇게 말을 배우면서 점차 글을 배운다. 몸짓, 말하기, 읽기, 쓰기의 순서로 소통하는 방법을 배우고 깨치는 것이다. 이렇듯 언어는 소통에 없어서는 안 될 필수 수단이다. 하지만 우리는 어려서부터 오랫동안 말과 글은 배워오면서도 정작 그 말과 글로 다른 사람과 어떻게 소통해야 하는지, 다른 사람을 설득하는 데 어떻게 효과적으로 활용해야 하는지에 대해서는 제대로 배워본 적이 없다.

생각해 보라. 당신은 자기 생각과 감정을 상대방이 정확하게 이해할 수 있도록 표현하는 효과적인 방법을 아는가? 당신은 타인의 생각과 감정 표현의 핵심을 정확하게 이해하는 교육을 받은 적이 있는가?

생존을 위한 비즈니스에서는 이러한 소통이 필수조건이다. 효과적인 소통을 통해 설득에 이르는 방법은 학습을 통할 때 더욱 빨리 익혀 나갈 수 있다.

필자는 세일즈 현장에서 스스로 이런 것을 터득해 가며, 수학에서 공식만 알면 다양한 응용문제를 풀 수 있듯이 커뮤니케이션에서도 몇 가지 설득 공식만 알면 생존 현장에서 부딪히는 수많은 문제를 풀어 나갈 수 있다는 것을 알았다.

실제로 성공한 사람들은 이 공식을 활용해서 가족과의 소통뿐만 아니라 기업의 홍보나 상품의 광고, 의식의 변화를 위한 캠페인 등에 적극 활용하고 있다.

여기에 효과적인 설득 커뮤니케이션 공식과 활용법을 제시한다. 특히 "설득으로 먹고 사는" 세일즈 종사자들에게 좋은 도우미가 될 것으로 확신한다.

## 경제활동에 꼭 필요한 소통과 설득 능력

_이승훈

"인간은 경제적 동물(호모 에코노미쿠스)"이라는 정의는 "인간은 사회적 동물"이라는 오래된 정의(아리스토텔레스)를 대체하는 자본주의 사회 경제학의 기본 개념이 되었다. 이는 경제활동이 삶을 영위하기 위한 필수 활동이라는 의미이기도 하다.

경제활동을 하려면 먼저 사회구성원으로서 관계를 형성하고, 원활한 소통으로 친밀감을 유지하고, 자신의 존재감을 알려가며 자신의 상품가치를 높여가야 한다. 특히 비즈니스 영역에서 경제활동을 하는 사람이라면 소통과 설득 능력은 반드시 갖춰야 할 기본 자산이다.

우리는 살아가면서 수없이 갑과 을의 관계를 만들어가며, 결정권자인 갑을 설득해야만 생존할 수 있는 을의 삶을 체험하고 있다. 단지 비즈니스 영역뿐만 아니라 일상에서도 갑과 을의 관계 형성은 엄연한 현실이다. 그래서 매순간 을이 될 수밖에 없는 우리는 갑의 환심을 사기 위해 설득의 기술을 발휘할 필요가 있다.

또한, 비즈니스에서는 누구든 자기 이익이 없으면 움직이지 않는다. 그러므로 상대방에게 무엇이 얼마나 이익인지를 분명하게 제시할 수 있어야 한다.

이 책은 설득의 기본 공식을 담았다. 설득에 꼭 필요한 말뿐만 아니라 어떻게 보이고, 어떻게 신뢰를 형성해 가고, 얼마나 이익인지를 제시해 어떻게 상대방의 지갑을 열게 할 것인지 핵심 공식을 구체적인 사례로 제시한다.

이 책을 통해 여러분이 원하는 것을 얻음으로써 더욱 풍요롭고 행복한 삶을 누리길 바란다.

**차례**

**프롤로그**
이젠 소통과 설득 능력이 시대를 건너는 힘 _김효석     6
설득으로 먹고 사는 이들을 위해 _이경우     8
경제활동에 꼭 필요한 소통과 설득 능력 _이승훈     10

## Part 1   OBM
### 설득 공식의 핵심

설득과 강요의 경계는 무엇으로 갈릴까     17
설득과 강요는 어떻게 구별할까     20
설득의 공식은 수학 공식과 어떻게 다를까     22

## Part 2   OPEN
### 코끼리를 냉장고에 넣기 위해 필요한 것

OPOPENEN ▶ 안녕하십니까?     28
설득력이 없다고?     31
아니, 호감이 없는 거겠지     31
"애들은 가라!"의 놀라운 힘     59
인생에 갈등이 없다면 삶도 없다     70

## Part 3   BELIEVE
### 믿습니까?

BELIEVE ▶ 확신하십니까?   104
진짜 나와 만들어진 나, 어느 쪽에 더 믿음이 갈까 -신뢰성   106
당신은 무엇이 다른가요? -차별성   122
'특별한 혜택'의 유혹 -경제성   138

## Part 4   MOVE
### 오빠 믿지? 일단 가자!

MOVE ▶ 어떤 걸로 하시겠습니까?   160
결정타를 준비하는 A-B-A 화술 공식   163
탈출구를 봉쇄하라   165
촉진하라   173

## Part 5   POSITIVE ENERGY
### 설득은 절대 긍정이다

지기지피하라   183
오버하라!   194

**에필로그**
공감共感하면 감동感動하고, 감동하면 동행同行한다   199

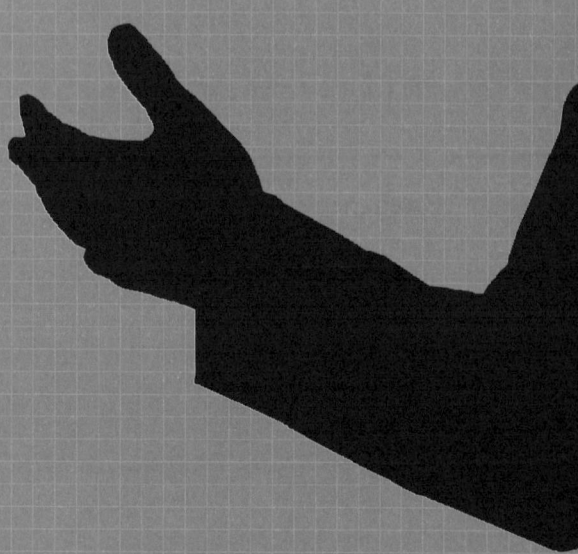

# Part 1

# 설득 공식의 핵심

가슴에 권총을 들이밀면 시계를 풀어 주도록
할 수는 있다. 해고를 무기로 직원들을 닦달하고
감시하면 협력을 이끌어낼 수는 있다. 아이들을 때리거나
위협하여 당신이 원하는 바대로 만들 수도 있다.
하지만 그러면 반발을 부르게 마련이다.
누군가에게 어떤 일을 하게 할 수 있는 유일한 방법은,
먼저 상대방이 원하는 것을 주는 것이다.

_데일 카네기

# 설득과 강요의 경계는 무엇으로 갈릴까

"아들, 사랑해~. 열심히 공부하자."

"여보, 부탁 좀 들어줘."

"김 대리, 힘들겠지만 오늘 저녁까지 마감해 주었으면 좋겠네."

우리는 이렇게 상대방을 배려하면서 설득하고 있다.

그런데 정말 설득일까?

혹시 말만 부드럽게 하는 것으로, 실제로는 강요하면서 설득한다고 착각하는 것은 아닐까?

사실 설득은 받아들이는 사람의 처지에 따라 얼마든지 강요로 인식될 수 있다. 나는 설득한다고 부드럽게 말했어도, 상대방에게 그것은 빼도 박도 못하는 강요의 칼날이 될 수도 있다.

왜 그럴까?

강요는 "지위와 권력을 이용해서 강압적으로 요구하는 것"이고, 설득은 "상대의 마음을 움직여서 스스로 내 요구에 응하게 하는 것"으로, 사전적 의미로는 뚜렷이 분별되는 개념이다.

하지만 현실에서 강요와 설득의 경계는 명확하지 않다. 많은 사람들이 말은 설득한다고 하면서 실제로는 강요하는 경우가 허다하다.

예전에는 상명하복이 분명한 가부장제 사회여서 윗사람이 아랫사람에게 부탁하면 설사 강요라 해도 대개는 순순히 복종했다. 하지만 요즘은 윗사람이 아무리 고운 말을 써도 아랫사람의 마음을 진심으로 움직이지 못하면 설복하기 어렵다. 가부장적 수직 질서에 따른 일방적 소통(명령과 강요)의 시대는 가고, 수평적 질서에 따른 쌍방향 소통(대화와 설득)이 요구되는 시대가 되었기 때문이다.

따라서 우리는 현실에서 잘못 알고 있거나 착각하고 있는 강요와 설득의 경계를 분명히 알아야 한다.

필자는 오랜 경험을 통해 강요와 설득은 말이나 행동이 아니라 마인드에서 갈린다는 것을 알게 되었다. 지금 내가 상대방에게 강요를 하고 있는 건지, 설득을 하고 있는 건지를 알려면 먼저 자신의 마인드부터 살펴야 한다는 것을 깨달은 것이다.

자신의 마인드, 즉 마음가짐을 살피는 것은 어렵지 않다. 내게 진정으로 설득할 마음이 있는 건지, 설득은 그저 명분일 뿐 강요해서라도 내 뜻을 관철하고 말겠다는 마음인지 누구보다 자신이 잘 알 것이다.

설득해서 안 되면 그것을 깨끗이 포기할 수 있어야 진정한 설득의 마인드라 할 것이다. 그러나 설득이 마침내 강요로 이어진다면 그것은 애초부터 설득의 마인드라고 하기 어렵다.

설득은 설득이고 강요는 강요일 뿐, 설득은 강요에 이르는 과정이 아니다. 그런데도 사람들은 설득을 하다 말을 안 들으니 하는 수 없이 강요했다는 식으로 자기 합리화를 일삼는다. 그만큼 설득의 길은 어렵고 먼 반면에 강요의 길은 쉽고 가까워서 힘의 균형이 무너진 쌍방 간에는 설득보다는 강요가 판을 치기 쉬운 법이다.

#  설득과 강요는 어떻게 구별할까

"이것 좀 해 줄래?"

이렇게 부탁했는데 상대방이 "싫어요."라고 하면 무슨 생각이 드는가? 아무리 정중하게 부탁했더라도 상대방이 거절할 때 "욱!?" 하는 감정이 올라오면 이것은 강요의 마인드다.

이에 비해 상대방이 아무리 기분 나쁘게 거절해도 그것을 당연하게 받아들이며 '그 이유가 무엇일까?'라고 상대방의 입장에서 생각하고 상대방의 마음을 얻기 위해 더욱 정성을 들인다면 그것은 설득의 마인드다.

자신이 지금 강요를 하고 있는지, 설득을 하고 있는지

알려면 먼저 자신의 마인드부터 살펴야 한다. 만약 설득을 하고 있는 것이라면 상대방의 거절도 진심으로 순순히 받아줄 수 있어야 한다.

정중한 말로 부탁했다고 해서 다 설득이 아니다. 거절을 당연한 것으로 염두에 두고 어떻게 상대방의 마음을 움직일까 고민하는 마인드가 있어야 한다. 그것이 설득의 고수가 되기 위한 첫 번째 열쇠다.

# 설득의 공식은 수학 공식과 어떻게 다를까

수학에는 공식이 있다. 원리를 이해하지 못해도 일단 공식을 외워 버리면 문제를 접했을 때 그 공식을 적용해서 쉽게 풀어 나갈 수 있다.

설득에도 공식이 있지만 수학처럼 외우는 것만으로는 안 된다. 수학에서는 하나의 정답이 있을 뿐이지만 설득에서는 같은 공식이라도 상대방이나 상황에 따라 답이 다양하게 갈릴 수 있다. 따라서 설득의 공식은 수학 공식과는 다른 방식으로 접근해야 한다.

설득은 상대방의 마음을 움직여 상황을 내가 원하는 쪽으로 변화시키는 것을 목적으로 한다. 특히 세일즈나

마케팅에서 설득은 의심하고 부정하는 마음으로 경계하는 상대방을 차츰 신뢰하고 긍정하며 공감하도록 변화시키는 핵심 열쇠다.

설득은 반드시 상대방의 행동을 이끌어낼 수 있어야 한다. 아무리 좋은 말이라도 행동의 변화를 이끌어내지 못한다면 진정한 설득이라 볼 수 없다. 특히 세일즈에서 설득은 상품 구매나 회원 가입과 같은 구체적인 성과로 이어질 때 완성된다. 그렇기 때문에 더더욱 수학 공식과는 차원이 다른 설득 공식을 익혀야 한다.

결과로만 보면 강요도 행동의 변화를 이끌어내기는 마찬가지다. 어떤 때는 설득의 결과와 그 모양새가 같아서 설득과 구분하기가 어렵다. 그래서 지시와 강요에 익숙해진 사람은 그것을 설득이라고 착각하다가 반발에 부딪히거나 위치가 바뀌었을 때 곤경에 처하게 된다.

강요는 설득과 달리 행동 그 이후가 다르다. 한 번의 행동으로 그친다면 강요하는 것이 더 빠르고 쉬울 수 있다. 하지만 연속성과 지속성을 갖는 일에서는 반드시 한계에 부딪히게 마련이다.

따라서 진정으로 상대의 마음을 얻으려면 강요의 마인

드에서 벗어나 반드시 설득의 마인드를 가져야 한다.

아이를 공부시키려고 책상에 앉히는 방법에도 강요와 설득이 있다. 당장 눈앞에서는 강요하는 것이 책상에 앉히기는 쉽다. 하지만 강요에 의해 책상에 앉은 아이가 얼마나 공부를 하겠는가? 머릿속으로는 세계 일주도 모자라 달나라까지 갔다 왔을 것이다. 책상에 앉히는 게 목적이 아니라 공부를 시키는 게 목적이라면 강요는 정말 어리석은 행동이다.

이에 반해 아이가 스스로 왜 공부를 해야 하는지 이해하고 공감하도록 해서 스스로 책상에 앉도록 설득한다면 그 효과는 비할 바 없이 클 것이다.

세일즈에서 강요와 설득은 더욱 확연한 차이를 보인다. 어쩌다 강요로 행동을 변화시켜 한 번은 구매나 가입을 이끌어낼 수 있다.

간혹 회사에서 직원들에게 강매하는 행위가 여기에 속한다. 사장이 자주 월급 대신 물건을 주면서 스스로 판매해 수입을 챙겨가라고 하면 누가 그 회사에 붙어 있겠는가? 또한 그런 회사에서 얼마나 높은 생산성이 나오겠는가?

강요가 눈앞의 이익을 챙기는 데는 효과적으로 보일지 모르지만 장기적으로는 손해를 부른다는 것을 알아야 한다.

설득은 상대방에게도 그렇게 하는 것이 이익이라는 점을 납득시켜 스스로 행동하게 만드는 것이다. 예를 들어, 건강식품 매장에 손님이 왔다면 그 손님에게 꼭 맞는 건강식품을 소개하면서 이 상품이 손님에게 어떻게 얼마나 좋은지 납득시켜(이익을 제시하여) 손님 스스로 구매 결정을 내릴 수 있도록 해야 한다. 그래야 그 손님이 다 먹고 난 후에도 다시 그 매장을 찾아올 것이다. 어디 그뿐인가? 그렇게 쌓은 신뢰로 매장에 있는 다른 건강식품도 찾게 될 것이고, 주변 사람들에게 건강한 모습을 보여줌으로써 매장을 홍보해 주는 열성 고객이 될 것이다. 설득은 이처럼 연속성과 지속성을 갖춘 고객을 만들어 준다.

이처럼 설득의 공식은 수학 공식과는 답을 구하는 방식이 근본적으로 다르다. 이런 설득의 공식을 익혀 내 것으로 만들 수 있어야 하는데, 그 공식의 핵심이 바로 OBM이다.

이제 OBM의 세계로 빠져 보자.

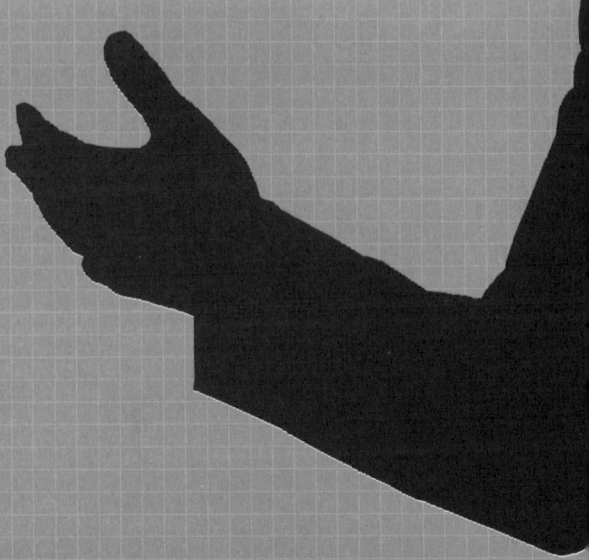

# Part 2

# 코끼리를
# 냉장고에 넣기 위해
# 필요한 것

 안녕하십니까?

　모든 것의 첫 단계는 문을 여는 OPEN(오픈)에 있다. 문을 연다는 것은 그저 출입문을 연다는 것만 의미하지는 않는다. 문을 열어 놓았다고 해서 길 가는 손님이 마구 들어오진 않는다. 아무리 떠들썩하게 개업식을 치르고 가게 문을 활짝 열어 놓아도 손님은 자기 마음에 끌리는 구석이 없으면 거들떠보지도 않는다.

　동네 식당이건 큰 백화점이건 오픈 행사를 요란하게 하는 것은 사람들의 관심을 끌어 어떻게든 많이 문 안으로 들어오도록 하는 데 목적이 있다.
　마찬가지로 강의를 하건 영업을 하건 사람을 만나면 맨 먼저 상대가 문을 열어 내게 관심을 갖게 만들어야 한다.

　코끼리를 냉장고에 넣으려면 맨 먼저 뭘 해야 할까? 냉장고 문을 열어야 한다. 마찬가지로 내가 고객의 마음속으로 들어가려면 맨 먼저 고객의 마음을 열어야 한다. 제아무리 좋은 방법이 있다고 해도 냉장고를 열지 않으면 결코 코끼리를 넣을 수 없듯이, 제아무리 좋은 방법이 있더라도 고객의 마음을 열지 못하면 아무짝에도 쓸모가 없다.

> **OPEN의 3단계**
>
> 1단계: 호감
> 2단계: 궁금증
> 3단계: 갈등

따라서 우리는 먼저 설득 공식의 첫 단계인 OPEN의 기술을 익혀야 한다.

지혜는 호기심에서 시작된다.

_소크라테스

# 설득력이 없다고?
# 아니, 호감이 없는 거겠지

　　학자마다 주장은 조금씩 다르지만, 한 가지 공통된 것은 상대방에게 호감을 느끼는 데는 불과 몇 초면 충분하다는 것이다. 놀랍기 이전에 사실은 무서운 일이다. 한번 갖게 되는 첫인상이나 선입견을 바꾸기 위해서 때로는 몇 년, 심지어 수십 년의 시간이 걸릴 수도 있다. 그 몇 초가 수년 아니 수십 년을 좌우한다니 말이다.

　필자는 "첫눈에 사랑에 빠졌다"는 말은 믿지 않지만, "첫눈에 반했다"는 말은 믿는다.

　사랑이라는 감정도 바닥정서에 호감이 배제될 수 없기에 그 기본을 호감이라고 해도 무리는 없을 것이다. 그러니 일단 여기서는 첫눈에 사랑에 빠지는 것이 가능한지 아닌지에 대해서 논쟁할 필요는 없을 것 같다.

또 다른 시각에서 보면, 호감을 느끼는 데 불과 몇 초의 시간이면 충분하다는 말은 곧 비호감을 갖게 되는 데에도 불과 몇 초의 시간이면 충분하다는 말이 아닌가? 그런 까닭으로 첫인상의 호감 정도가 소개팅에서부터 커다란 프로젝트에 이르기까지 성패에 결정적인 영향을 줄 수 있다는 것이다. 그렇다면 우리는 상대방을 만나는 순간부터 호감과 비호감을 두고 승부를 펼쳐야 한다.

## 호감이란 무엇일까?

호감이란, 말 그대로 좋아하는好 감정感情이다.

처음 만난 사람에게 곧바로 호감을 느낀다면 그 까닭은 무엇일까? 그 까닭을 살펴 알게 된다면, 다른 사람이 나를 처음 보고 호감을 느끼도록 하는 데 크게 도움이 될 것이다. 그러면 사람들 사이에서 훨씬 좋은 관계를 형성할 수 있다.

오래 전, 눈길을 끄는 화장품 광고가 있었다. 여자 A가

걸어간다. 늘씬한 몸매에 섹시하고 매력적인 모습이다. 그런데 반대편에서 여자 B가 걸어온다. 그녀 역시 엄청난 매력이 느껴진다. 사실은 A보다 더 섹시한 매력이 있다.

A는 본능적으로 맞은편의 B에게 시선이 간다. 둘은 옷깃이 스치듯이 지나친다. 그리고 A는 어깨너머로 슬쩍 B를 돌아본다.

"'낯선 여자에게서 내 남자의 향기를 느낀다~~!!"

화면에는 이러한 문구와 함께 성우의 음성이 나온다.

내 남자가 사용하는 화장품의 진한 향기가 길을 지나치는 한 매력적인 여성에게서도 묻어난다.

여기서 시청자는 몇 가지 궁금증을 갖게 될 것이다.

하나, 맞은편에서 오는 여자 B는 여자 A의 남자와 지난밤 함께 있었나?

둘, 어떤 남자가 있는데, 그 남자는 두 여자를 만나는 양다리인가?

셋, 맞은편 B의 남자도 A의 남자와 같은 화장품을 사용한다는 것인가?

넷, 어떤 화장품이기에 만나는 여자들이 다 저렇게 섹시한 거야?

다섯, 나도 저 화장품을 쓰면 매력적인 여자들이 좋아하게 될까?

CF는 본래 극단적이거나 자극적인 상황을 연출하기도 하지만, 대중의 심리를 절묘하게 파고든다. CF는 흔히 "15초의 미학"이라고 불리는데, 15초짜리 영상 하나를 만들기 위해 엄청난 시간과 노력이 투여된다.

시청자가 광고를 보고서 상품에 즉각 호감을 느껴 구매로 이어지도록 하는 것이 광고의 목적이다. 그러니, 인상적이고 잘 만들어진 광고의 원리만 살펴보아도 호감을 주는 요소가 무엇인지 알게 될 것이다.

위에서 예로 든 화장품 광고를 보고 저마다 먼저 떠오르는 인상이나 궁금증은 다르겠지만 결국 "저 화장품을 사용하면 매력적인 여자들이 내게 호감을 갖게 될 것"이라는 메시지를 전달하는 데 목적이 있다.

## 호감 메시지 전달에 필요한 몇 가지 장치

### : 첫째는 시각 이미지
남녀 불문하고 보기 좋은 것에는 본능적인 호감을 느

끼게 마련이다.

옷을 사려고 백화점에 갔다고 하자. 여기저기 둘러보다가 눈에 들어오는 옷이 있다. 그렇다. 귀나 코에 들어오는 것이 아니라 마음에 드는 것은 먼저 '눈'에 들어온다. 디자인이든 색상이든 시각을 통해 맨 먼저 나를 사로잡는다는 것이다. 그러고 나서 원단을 만져 질감을 느껴 보고 바느질이나 마감 상태를 살펴본다. 그리고 가격을 알아보고 라벨을 들춰 본다.

특히 시각적인 매력은 만남의 횟수가 적을수록 호감도에 더 큰 영향을 미친다.

"백문불여일견百聞不如一見"이라고 하지 않는가. 인간은 유난히 시각 정보에 크게 의존한다. 게다가 지금의 사회는 보는 것이 더욱 중요해지고 있다. 스마트폰, TV, 컴퓨터 등을 통해 얻는 거의 대부분의 정보는 시각으로 전해진다. 그것도 모자라서 가상현실이니 증강현실이니 하면서 현실과 구분할 수 없을 정도의 영상을 만들어 낸다.

"아침에 눈을 뜬다. 그리고 아직도 내가 살아있음을 느낀다!"

"왜 이렇게 사람 말을 못 믿어? 속을 보여줘야 알겠

어?"

 본다는 것과 느끼고 인식한다는 것은 직접 연관되어 있다. 본다는 것은 호감과 믿음을 갖게 하는 중요한 요소다. "보이면 믿는다!"는 인식이 이미 마음속에 박혀 있다.

 누군가를 만나기 전에 어떠한 시각 전략을 가지고 만날 것인가 하는 것은 매우 중요하다. 막연한 일이 아니다. 조금만 부지런하면 그에 대해 많은 정보를 앞서서도 얻을 수 있다. 만날 사람의 전화번호와 직장명 그리고 어떤 일을 하는지 정도만 알아도 호감을 사는 데 필요한 기본 정보는 얼마든지 얻을 수 있다.

 SNS를 통해서 그의 결혼 여부와 자녀의 수, 성별 정도는 바로 알 수 있다. 그리고 그가 올리는 사진을 통해서 관심사를 알아내는 것도 어렵지 않다. 음식 사진을 자주 올리는지, 자전거를 타는지, 봉사활동을 좋아하는지 등. 그래서 어떤 부류의 사람들과 자주 어울리는지 정도는 어렵지 않게 알 수 있다.

 그렇게 그가 좋아하고 신뢰를 가질 수 있는 스타일과 나의 전문성을 고려한 스타일로 그를 만나야 한다.

 차분하고 깔끔한 스타일에 감각적인 포인트 하나를 줄

지, 아니면 감각적인 슈트를 입을 것인지, 안경이나 타이의 색상은 어떤 것으로 할 것인지 등의 이미지를 나름 설정할 수 있어야 한다.

또한 상대방에게 어떤 자료를 건네야 한다면 텍스트가 나을지, 도표나 그래프가 나을지, 컬러 인쇄를 하는 게 나을지 등의 디테일에도 신경을 써야 한다. 물론 일반적으로 통용되는 기준은 있지만, 상대방과 상황에 따라서 어떤 이미지로 설정할 것인지를 염두에 두어야 한다.

그리고 상대방을 만났을 때는 '이건 정말 아니'라는 정도의 인상만 아니라면, 겉으로 보이는 특징을 재빨리 캐치하여 칭찬하는 것도 좋다. 예를 들면 이런 식이다.

"여기 오는 길에 괜히 설레고 콧노래가 절로 나올 만큼 날씨가 좋더라고요. 그런데 ○○님 니트가 오늘 날씨보다 더 화사하네요!"

대부분의 한국 사람은 칭찬에 익숙지 않다. 우리 문화가 칭찬에 인색한 것도 사실이다. 그래서 이런 식의 칭찬을 두고 닭살 돋는다며 어색해한다. 하지만 민망할 만큼 억지스럽지만 않다면 칭찬은 아무리 해도 지나치지 않다. 칭찬은 고래도 춤추게 한다지 않던가.

이렇게 우리 눈에 곧바로 보이는 시각 이미지는 매우 중요하다. 하지만 만나서 대화를 나누다 보면 그런 시각 이미지보다 더 중요한 것이 있다.

음식으로 말하자면 보기 좋은 떡이 더 맛있다는 것이다. 게다가 청결하기까지 하다면 금상첨화다. 하지만 가장 중요한 것은 그 음식 자체의 맛과 향과 영양이다.

: 둘째는 상상하는 이미지

필자는 숱한 책을 읽어본 중에 처음부터 끝까지 앉은 자리에서 읽은 후 곧바로 처음부터 다시 두 번을 내리 읽은 책이 하나 있다.

이문열의 장편소설 《추락하는 것은 날개가 있다》이다. 스무 살, 책장에 꽂혀 있던 책을 우연히 펼쳤다가 앉은 자리에서 밤새 읽어 내려 아침이 되어서야 마지막 장을 덮었다. 밤새 읽었지만 피곤한 줄도 몰랐다. 무언가 가슴이 먹먹한 아련함과 안타까움의 감정들이 뒤섞인 채 쿵쾅거리는 심장소리만 들려왔다. 뜨거운 고구마가 가슴 한가운데에 걸려서 꺼낼 수도, 삼킬 수도 없는 기분이었다. 잠시 물 한잔을 마시고는 처음부터 다시 읽었다.

마흔 중반을 넘긴 지금도 첫 부분의 배경인 독일의 한 취조실과 회상 장면의 캠퍼스는 내가 가본 것처럼 눈에 선하다.

그리고 한참 후에 소설을 원작으로 영화가 만들어졌을 때, 볼지 말지 망설였다. 결국 어떻게 영상으로 만들어졌을지 궁금함을 참지 못하고 극장으로 갔다. 그러고는 얼마나 후회했는지 모른다. 영화를 잘못 만들어서가 아니라, 내가 소설을 통해 상상하던 인물과 장면이 영화 속의 장면으로 변환되어, 상상의 장면이 점점 사라지게 된 것이 너무나도 안타깝고 속이 상해서였다.

흔히 이런 말을 한다.

"원작을 뛰어넘는 영화는 없다."

눈에 보이는 이미지보다는 상상하는 이미지에서 더 큰 영감을 얻고 위로를 받을 수 있지 싶다. 그런 의미에서 감명 깊게 읽은 책이 있다면, 그 책을 원작으로 만든 영화는 가능한 한 보지 않기를 권한다. 결국 궁금해서라도 보게 되겠지만 말이다.

지인들 중에는 같은 이야기를 하더라도 참 실감나게 하는 사람이 있다. 마치 자기가 직접 보았거나 겪은 것처럼 이야기한다. 그 이야기가 실감나게 들리는 이유는 여럿이겠지만, 그런 사람들의 공통점은 하나같이 머릿속에 말하는 내용이 이미지로 그려진다는 것이다. 한마디로 표현력이 좋다는 것인데, 직접 본 것처럼, 혹은 겪은 것처럼 구성진 스토리로 말한다는 것이다.

여기서 우리는 '본 것처럼'에 주목할 필요가 있다. 상대방과 내가 설령 같은 장면을 봤거나 같은 상황을 겪었을지라도 생판 다른 관점이나 이미지로 남아 있을 수도 있고, 전혀 경험하지 못해 생소할 수도 있지만 직접 본 것처럼 하는 이야기는 상대방이 살면서 자주 보고 상상했을 법한 이미지를 떠올릴 수 있도록 자극한다는 것이다. 내가 아예 그림을 그려서 그에게 보여주듯 말한다는 것이 아니라 상대방이 스스로 상상의 그림을 그릴 수 있도록 영감을 주는 것에 더 가깝다고 할 것이다.

다음 두 가지 표현 중 어떤 표현이 더 실감이 나는지 살펴보자.

"이 샛노란 빛깔 좀 보세요! 정말이지, 엄청나게 새콤한 레몬이네요! 코에 살짝만 가져가도 새콤한 냄새가 그대로 전해지네요. 어찌나 신선하고 새콤한지 한 입 물었는데도 새콤한 향이 입안 그득그득 퍼집니다!"

"왜? 아주 새콤한 것을 먹을 때, 나도 모르게 쓰~읍~ 소리를 내면서 저절로 입안에서 침이 고여 꿀꺽~ 넘어갈 때가 있죠? 미간이 살짝 찌푸려질 만큼 새콤한 맛 말이에요! 저절로 침이 고이도록 새콤하고 신선하네요!"

위 두 표현 중 어느 편이 새콤한 레몬의 맛을 더 실감 나게 묘사하고 있을까? 이렇게 상대방도 살면서 충분히 느꼈을 법한 상황을 제시하면, 나머지는 상대방이 알아서 상상하고 느끼게 된다.

물론 상황에 따라 전자 또는 후자의 표현이 더 효과적일 수 있겠지만, 어떤 표현이 상대방에게 더 강렬하게 어필할 수 있을까, 하는 판단은 상대방의 성향이나 상황에 따라 각자가 선택할 몫이다.

: 셋째는 '잠들지 않는 감각'

인체의 감각은 의학상으로 보면 크게 오감五感으로 구별된다. 시각視覺, 청각聽覺, 후각嗅覺, 촉각觸覺, 미각味覺이 그것이다. 그중에서 잠 잘 때도 닫히지 않는 감각, 즉 잠들지 않는 감각이 하나 있는데, 바로 청각이다.

잠은 생명을 유지하는 필수 요소 중 하나다. 잠을 자지 않고서는 살 수 없다는 말이다. 모든 생명체는 잠을 자는 동안 소진된 에너지를 보충하고 활동하는 동안에 생겨난 상처를 자가 치유한다. 그리고 정신적·육체적 스트레스도 잠을 통해 해소한다. 또한 자면서 많이 뒤척이게 되는데, 이는 활동하면서 한쪽으로만 몸을 과하게 사용했을 때 이를 바로 잡기 위한 체형 교정의 움직임이기도 하다.

잘 먹고, 잘 자고, 잘 싸는 것이 장수의 비결이라고 하는 말은 그냥 하는 말이 아니다.

그래서 숙면을 취하는 것은 건강을 유지하는 데 매우 중요하다. 하지만 잠이 들면 자각능력이 현저히 떨어져 신체적으로는 가장 위험한 상황에 노출된 시간이기도 하다.

그래서인지 잠이 들면 신체의 네 가지 감각은 현저히 둔해지지만 청각만큼은 반쯤 깨어 있게 된다. 잠든 상태에서도 위험에 대비하기 위한 것이다. 왜 하필 청각일까? 사람이 가장 멀리서 감지할 수 있는 감각이 소리이기 때문이다. 그래서 "잠귀가 밝다"는 말도 나온 것이다. 소리를 듣고 위험을 감지하면 대비할 시간이 있을 수 있지만 눈앞에 나타난 순간에는 이미 때는 늦은 것이다. 어디서나 청각을 무력화시키는 "소리 없는 적"이 가장 무서운 법이다.

어떤 의학자는 사람이 죽은 후에도 유일하게 청각만큼은 일정 시간 동안 그 기능을 유지한다고 말한다. 그러니 망자의 임종자리에서는 마지막까지 말하라고 한다. 청각은 우리가 인지하기 어려운 상황에서도 정보를 계속 받고 있다.

졸업하고 한 번도 만난 적이 없는 초등학교 동창을 20년 만에 만난다면 그의 얼굴을 얼마나 기억할 수 있겠는가? 이제는 배도 나오고 머리도 많이 벗겨진 친구를 바로 알아차리기란 쉬운 일이 아니다.

하지만 친구가 전화해서 "친구야, 기억해? 6학년 9반 맨 뒷줄에 앉았던 '쏘가리'다!"라고 한다면?

목소리를 듣는 순간, 이미 쏘가리는 교실의 맨 뒷자리에 앉아 있다. 얼굴은 기억이 잘 나지 않아도 목소리는 귀에 와서 박힌다. 오히려 얼굴을 보는 것보다 목소리만 듣고서 친구를 더 금세 알아차릴 수 있다는 것이다.

누군가를 만날 때도 음성과 더불어 주변에서 들리는

소리가 매우 중요한 역할을 한다. 이성과 미팅을 할 때 대개 분위기 좋은 카페를 찾는다.

'분위기 좋은 카페'란 대개 두 가지를 충족한다는 뜻이다. 하나는 보기에 운치가 있다는 것(시각)이고, 다른 하나는 음악이 감미롭다는 것(청각)이다.

영화의 장면은 잘 기억나지 않지만, 그 주제곡은 선명하게 오래 기억에 남는 경우가 많다. 시각(이미지) 못지않은 청각(소리)이 가진 힘을 말해 준다.

특히나 강렬한 충격을 주어야 하는 공포영화에서의 음향, 즉 청각 요소는 더욱 중요하다.

망망대해의 유람선에서 매일 밤 한 사람씩 처참하게 살해당한다. 모두가 서로를 의심하는 상황. 모두 살해당하고 결국 가녀린 여주인공과 살인마 둘만 남아 대면하게 된다. 여주인공은 천신만고 끝에 살인자를 물속으로 떠밀어 버린다. 그녀는 안도의 숨을 몰아쉬면서 살인자가 빠져 보글거리는 수면을 불안한 눈길로 바라본다.

이내 보글거림이 멎고 수면은 아무 일도 없었다는 듯 평온하기만 하다. 이쯤에서 관객도 안도의 한숨을 내쉬며 방심한다. 그 순간 느닷없이 "끼야~~ 악!!" 고막을 찢는 금속성의 비명이 폭발하면서 그 비명과 동시에 살인마가 거친 물보라를 일으키며 물속에서 튀어 오른다.

사람들은 급변한 화면보다는 느닷없는 소리에 더 많이 놀란다.

: 넷째는 '만지면 커져요!'

처음 만나면 으레 악수를 한다. 특히, 남자들에게는 더욱 익숙한 인사법이다.

왜 손을 잡으며 인사하는 법이 생겨났을까? '보세요! 난 당신을 해칠 어떤 무기도 갖고 있지 않아요. 맨손인 거 보이죠? 그러니 우리 친구로 잘 지내요!' 하는 의미에서 악수를 하게 되었다고 한다.

적당한 스킨십과 부드러운 제스처는 상대방에게 잠재된 불안감이나 경계심을 누그러뜨리는 반면에 호감과 신뢰를 키운다. 물론 지나친 스킨십이나 친절은 오히려 불쾌감이나 의심을 사겠지만 적당한 스킨십이나 친절은 호감을 키우게 마련이다. '만지면 호감은 커진다.'

아이들과도 그렇다. 조폭보다 무서운 나이가 중2라고 하고, 북한이 감히 밀고 내려오지 못하는 것도 중2 때문이라는 우스갯소리가 있다.

한 TV 프로그램에서 지독하게 갈등을 빚고 있는 중2와 그 부모를 대상으로 다큐멘터리를 방송한 적이 있다. 갈등을 해소하는 방법은 다양하지만 그중에서도 특히 '스킨십'을 많이 늘리는 것이 효과적이다. 처음에는 서로 거부감도 있고 어색해하지만, 이 과정을 통해 차츰 신뢰가 쌓여 마음의 문이 열리면서 관계가 회복된다. 이렇듯 스킨십은 신뢰로 이어져 닫혔던 마음의 문을 열어 준다.

그렇다면 설득의 모든 요소가 총체적으로 투영되어 기적을 일으킨 상황은 어떤 경우일까? 아마도 나를 비호감 이성의 전형으로 여겨 기피하던 이른바 '킹카' 내지 '퀸카'를 설득하여 연애하고 결혼까지 하게 된 상황을 예로 들 수 있다.

설득은 끝내 상대방의 마음을 사서, 상대방이 스스로 행동할 수 있도록 하는 유일한 무기다. 설득 외에는 다 강요이거나 속임수여서 상대방의 마음을 살 수는 없다.

모르는 두 사람이 만나서 사랑을 나누고 결혼을 결심하기까지는 험난한 여정을 거치게 마련이다. 더구나 만남의 문턱에서 상대방이 나를 비호감으로 대한다면, 게

다가 상대방이 다들 선망하는 매력을 갖춘 '킹카'나 '퀸카'라면 설득의 문턱은 더욱 높아질 수밖에 없다. 당신이 만약 이런 이중 삼중의 불리한 상황을 극복하고 만남에 성공했다면?

당신은 틀림없이 눈물겨운 설득의 여정을 거쳤을 것이다. 나에게 호감을 갖도록 상대방이 좋아하는 스타일로 차림새와 말투부터 고치고, 대화할 때도 상대방의 주요 관심사나 취미와 관련된 화제를 주로 올린다. 심지어는 상대방의 취미를 나의 취미로 삼을 만큼 열성을 보인다. 그렇게 상대방을 알아가면서 자연스럽게 나의 진심이나 진가를 상대방에게 알리는 전략으로 자연스럽게 다가간다.

결국, 손에 물을 안 묻히게 해 준다는, 평생 죽을 때까지 한 사람만을 사랑한다는, 인류역사상 한 번도 지켜지지 못한 약속도 그냥 믿어 주게 되는 것이다.

얼마나 험난하고도 눈물겨운 설득의 여정인가. 그렇다면 이 험난한 설득의 여정은 무엇에서 시작될까? 바로 비호감을 호감으로 바꾸는 데서 시작된다.

호감好感이란 그야말로 좋아하는 감정이다. 상대가 좋

아하는 감정이 들게 하는 것이 설득의 시작이다. 세수를 하고 머리를 만지고 화장을 하고 향수를 뿌리는 것도 상대방에게 호감을 주기 위한 일이다.

호감은 이렇게 온 정성을 다하고 마음을 바쳐야 구할 수 있는 것이다.

### 친한 사람이 낯선 사람보다 설득하기 쉬울까?

대개는 그럴 거라고 여기기 쉽지만 실제는 그 반대다. 주로 설득을 해야 하는 일에 종사하는 사람들은 이구동성으로 먼 사람보다 가까운 사람, 남보다 친지나 가족을 설득하기가 더 힘들다고 한다.

왜 그럴까?

가까운 사이에는 달리 호감이 형성될 여지가 별로 없다. 가족은 서로 익숙하고 너무 잘 알고 있다고 여기기 때문에 서로 잘 보일 일이 뭐 있느냐는 식이어서 지나치게 편하게 대하다 보니 신비감이 사라지고 심지어는 서로 막 대하는 상황까지 벌어지기도 한다.

그러니 당연히 서로에 대한 호감도 떨어지고 서로

강요하는 것에 익숙해지다 보니 설득도 어려워진다.

"잡아 놓은 물고기에는 미끼 안 준다!"

이렇게 서로를 잡아 놓은 물고기로 여기니 아예 호감을 사서 상대방을 설득하려 들지도 않는다.

그런데 모르는 사람끼리는 어떤가? 당장 연애 시절만 생각해 봐도 그렇다. 서로 잘 알기 전이라 모든 것이 조심스럽다. 그러다 보니 옷차림도 신경 쓰게 되고 말을 할 때도 가려서 하게 된다. 상대방을 조금씩 알아갈 때마다 호감도가 커지고 무슨 말을 하든 쉽게 마음을 열게 되므로 설득의 대상이 된다.

그래서 설득을 잘 하려면 항상 관점을 상대방에게 두어야 한다. 그리고 상대방이 무엇을, 어떻게 하는 것을 좋아하는지 늘 살펴야 한다. 그것을 바탕으로 평소에 호감을 사도록 노력해야 한다.

이것은 구직을 하는 과정에서도 마찬가지다. 입사 희망 회사가 어떤 인재를 원하는지 살펴보는 것에서 출발하여 인사권자의 호감을 사기 위해 남다른 노력을 기울인다면 설령 스펙에서 좀 뒤지더라도 충분히 만회할 수 있을 것이다.

잠시 젊은 시절 보험회사 신입사원 공채에서 수석으로 입사한 면접 노하우를 소개한다.

나는 공교롭게도 군에서 제대하는 날 면접시험을 치르게 되었다. 물론 제대하기 전에 제반 서류는 다 갖추었고 면접 준비도 충분히 해놓았기 때문에 자신이 있었으나 제대와 겹치면서 이런저런 생각으로 머리가 복잡해졌다. 그래서 면접 전략을 정공법으로 짰다.

오전에 전역신고를 마치고 나온지라 집에 가서 정장으로 갈아입을 시간은 충분했다. 하지만 나는 남들이 다하는 정장을 택하지 않고 그냥 제대복(예비군복) 차림 그대로 면접장으로 갔다. 남들보다 훨씬 이른 시간에 도착해서 여유롭게 대기실에서 면접을 기다릴 수 있었다. 물론 이것도 상대방의 궁금증을 유발시켜 호감을 사기 위한 나름의 전략이었다.

예상한 대로 면접관들은 누구보다 일찍, 그것도 예비군복을 입고 나와서 꼿꼿한 자세로 앉아 있는 나를 힐끗힐끗 쳐다보았다. 어쩌면 괴짜로 보였겠지만, 어쨌든 나에 대해서 엄청 궁금하게 만드는 데는 성공했다. 나는 속으로 그 상황을 즐기고 있었다.

면접이 시작되었고, 마침내 내 차례가 되었다. 내가 제대할 때 들고 나온 더블 백까지 메고 들어가자 면접관들의 눈이 휘둥그레졌다. 나는 더블 백을 면접관들 앞에 보란 듯이 내려놓고 꼿꼿이 서서 거수경례를 하고 큰소리로 인사를 했다.

"충! 성! 신고합니다. 예비역 병장 김효석은 1992년 11월 27일부로 ○○생명에 입사할 것을 명~받았습니다. 이에 전역하는 길로 달려와 신고합니다. 충! 성!"

인사가 채 끝나기도 전에 면접관들이 막 웃기 시작했다. '성공이다!' 나는 속으로 쾌재를 불렀다. 웃음을 유발하여 호감을 사는 순간이다.

자리에 앉으라는 면접관의 말을 듣고 다시 군인자세로 꼿꼿하게 자리에 앉았다. 수석 면접관인 듯 연세 지긋해 보이는 분이 미소를 띤 채 물었다.

"내가 숱하게 면접을 봐왔지만 자네 같은 괴짜는 처음 보네. 그래, 군에서 보직은 뭐였나?"

"전차 조종수였습니다."(정확하게는 자주포 조종수였지만 일반인에게는 생경한 장비라서 비슷하게 생긴 전차라고 표현했다.)

"아니, 자네는 회계학을 전공했잖은가? 그런데 어떻게 전차 조종수가 되었지?"

"그러게 말입니다."

면접관들은 군 생활에 대해 물었다. 나는 그들을 더욱 궁금하게 만드는 대답으로 추가 질문을 유발했다. 함께 면접장에 들어간 경쟁자들은 다들 나의 엑스트라가 되고 말았다.

그렇게 얼마의 시간이 흐른 후 업무에 대해서는 별로 물어보지도 않던 한가운데 자리의 면접관이 이렇게 말했다.

"허허, 자네는 우리 회사랑 인연이네!"

나중에 알고 보니 그분이 사장님이었다. 인사부장은 내가 수석 입사자라고 알려 주었다.

그래서일까. 나는 입사 초부터 상사들의 편애를 받았다. 그래서 직장생활은 항상 즐거웠고, 나는 금세 직장생활에 적응하여 탄탄하게 자리를 잡았다.

## 어떻게 호감을 살 것인가?

나는 초보 세일즈맨을 대상으로 강의할 때 적어도 일 년은 버티라고 강조한다. 일 년 안에 억대 연봉의 성과를 올리는 목표보다는 주변 사람과 좋은 관계를 만드는 시간이 필요하기 때문이다.

일반적으로 세일즈맨으로 일 년을 버티면 인정받는다는 말이 있다. 세일즈가 그만큼 어려워서 그만두는 사람이 많기 때문이다.

달리 말하면, 세일즈맨으로 입문하여 주변 사람들에게 호감을 얻기 위해서는 최소 일 년이라는 시간이 필요하다는 뜻이다.

세일즈로 연 1억을 번다는 것은 고객이 그만큼 내게 호감을 갖고 상품을 구매했다는 것을 뜻한다. 따라서 세일즈맨으로 성공하기 위해서는 그만큼 고객에게 호감을 사는 전략을 구사할 줄 알아야 한다.

호감을 사는 방법에는 여러 가지가 있다. 때와 장소에 적절한 옷차림, 부드럽고 절제된 언행, 상대방이 좋아할 만한 기념품 증정, 상대방의 상황에 따른 맞춤 컨설팅 같은 것도 호감을 사기 위한 좋은 수단이다. 이런 것들을 적절히 조합하여 활용하면 특히 처음 만나는 사람의 호감을 사는 데 매우 유용하다.

그런데 가까운 사람에게는 이보다 더 많은 공을 들여야 한다. 가까운 사람일수록 이런 것들에 익숙해져 있어서 자칫 아무것도 아닌 것처럼 여길 수 있기 때문이다.

'처음 보는 사람'과 '익숙한 사람'에게 호감을 사는 방법은 뭐가 다른지 살펴보자.

: 낯선 사람의 전화번호 받기

영업하는 사람에게 DB(데이터베이스)는 생명과도 같다. 양과 질을 만족하는 DB는 영업사원에게는 더할 나위없는 보물단지다.

나는 강의를 할 때 먼저 휴대폰 번호를 공개한다. 그리고 강의를 녹음해서 드릴 테니 공개한 전화번호로 본인의 이메일 주소를 남겨달라고 말한다. 경품으로 내 책을 드린다고 하면 많은 사람들이 적극적으로 문자를 보낸다.

그 번호들은 내 휴대폰에 차곡차곡 저장되어서 지금은 3만 개가 넘는다. 나는 누구보다도 손쉽게 고객의 연락처를 받은 것이다.

내 강의를 들은 청중도 내 연락처를 갖게 되면서 나중에 자연스럽게 다른 교육 담당자에게 나를 추천하곤 한다. 이른바 '주문전화'가 오는 것이다.

나는 아무리 까다로운 사람을 만나도 일 분 만에 상대방의 전화번호를 알아낼 수 있다. 그것도 유쾌하게….

지금부터 소개하는 비법을 그대로 따라해 보자.

먼저 휴대폰에서 계산기 어플을 작동시킨다. 그리고 다음과 같이 말하면서 상대방에게 내 휴대폰을 내민다.

"제가 재미있는 마술 한 가지를 알려드릴게요. 저는 안 볼 테니 계산기에 본인 휴대폰 번호 중간의 네 자리를 입력해 보세요. 예를 들면 010-1234-5678이면 1234를 입력하는 겁니다."

상대는 마술이라고 하면 아무 의심 없이 여러분이 내민 계산기에 자신의 번호를 입력할 것이다. 그러면 다음과 같이 말해 보자.

"자, 이제 그 숫자에 250을 곱해 주세요. 그리고 또 80을 곱하세요."

그러면 천만 단위 이상의 숫자가 나온다. 그것을 확인

하고 또 말을 잇는다.

"이번에는 뒷번호 네 자리를 두 번 더해 주세요. 그리고 등호 기호(=)를 눌러 주세요."

그러면 반드시 그 사람의 뒷자리 번호가 나온다. 앞에서 예를 든 번호라면 5678이 된다.

"이제 휴대폰을 저를 주세요."

이때 나누기 버튼을 누르고 2를 누른다. 그 숫자에 2를 나누는 것이다. 그러면 정확히 그 사람의 전화번호가 나온다.

"당신의 전화번호는 010-1234-5678이네요. 맞죠?"

이러면 계산기에는 12345678이라는 숫자가 정확히 뜨고 상대방은 놀라 그 방법을 묻게 된다. 이제 상대방에게 그 방법을 알려 주고 나는 자연스럽게 상대방의 전화번호를 입력하면 된다.

낯선 사람에게 호감을 심어 주고 전화번호까지 얻어 내는 일석이조의 비법이다.

: 휴대폰 번호 입력하기

상대의 연락처를 입력할 때도 남다른 방법이 있다. 헤

드헌터 김소진이 쓴 《성공하는 남자의 디테일》을 참고하면 이렇다.

한 유통회사의 대표는 내선전화도 휴대폰으로 착신되게 한다. 내선전화는 상대방의 정보를 알 수 없기 때문이다. 그런데 내선전화를 휴대폰으로 착신해 놓으면 상대방이 내선전화로 걸어도 내 휴대폰에 상대방의 정보가 뜬다. 이름 뒤에 상세하게 메모해 놓았으므로.

"김기범: C사 MD, 차장, 43세, 싱글, 큰 키, 미남."

그러면 전화를 받는 즉시 맞춤형 멘트를 날릴 수 있다.

"아이고 오랜만이네요, 김 차장님! 아직도 혼자세요? 차장님처럼 키도 크고 미남이신 분이 아직 솔로여서 어떻게 해요. 맞아, 너무 잘 생겨서 여자들이 부담스러워하나요? 좀 망가지세요."

그러면 김 차장은 자신에 대해 상대방이 많은 것을 알고 있다는 사실에 감동해서 자연스럽게 호감을 갖게 된다.

중고자동차 딜러인 친구도 이 방법을 쓰고 있다.

"김나영: 쇼핑몰 오너, 34세, 아이 둘(여, 남), 흰색 소나타 2011년식(2013년 1월 구입).'

이름뿐만 아니라 직업, 가족관계, 구입 차량에 관한 정보까지 동시에 뜬다. 그럼 이런 맞춤형 통화가 가능하다.

"김 사장님, 쇼핑몰 잘 되시죠? 지난번에 구입하신 차량에 이상은 없는지요? 흰색이라 금세 때가 탈 테니 자주 세차해 주세요. 참, 따님이 이제 초등학교 입학했지요?"

이런 정도 수준의 대화라면 신뢰도와 호감도가 더욱 높아져 다음에 차를 바꿀 때도 반드시 이 친구를 찾을 수밖에 없다.

 # "애들은 가라!"의 놀라운 힘

### 약장사는 호기심 유발 기술의 원조

호기심 유발 기술은 일명 '궁금의 기술'로, 인간관계의 필수 능력이다.

나는 어렸을 때 성남 모란시장 근처에서 살았다. 지금도 5일장이 열리는 모란장은 당시에도 수도권에서 가장 인기 있는 장이었다. 그때 장이 열리면 어김없이 약장사가 온다.

약장사는 약을 팔기 전에 먼저 다양한 볼거리를 제공한다. 차력을 하고, 불을 뿜고, 돌을 깨고…. 이런 식으로 행인의 발길을 불러들여 시선을 붙잡는다. 사람들이 어느 정도 모여 분위기가 무르익었다 싶으면 차력사들이 퇴장하고 약장사가 등장한다.

이때 약장사가 앞세우는 첫마디는 항상 이랬다.

"애들은 가라!"

나중에 이것이 전국 약장사들의 공통된 단골 멘트라는 것을 알게 되었다. 이런 멘트로 약장사를 시작하는 데는 다 이유가 있다.

첫째, 아이들은 매출에 전혀 도움이 안 된다. 오히려 엉뚱한 말로 훼방을 놓는 일이 더 많다.

"에이, 저거 울 엄마가 사먹어 봤는데 아무 소용도 없는 가짜래요!"

간혹 이렇게 말해서 분위기를 확 깨 버리는 아이도 있다. 그래서 먼저 영업에 아무 도움도 되지 않는 아이들에게 엄포를 놓아 기를 죽이려고 "애들은 가라!"고 외치는 것이다.

현대의 마케팅도 다를 바 없다. 모든 사람이 다 고객은 아니다. 그래서 선택과 집중이 필요한 것은 예나 지금이나 마찬가지다.

둘째, 성인들에게는 묘한 호기심을 일으킨다.

'애들은 가라고? 그럼 어른들만 보는 뭐 특별한 것이 있나?'

그 자리에 모인 청중은 차력을 보러 모인 것이지 결코 약을 사러 온 게 아니다. 약장사는 그런 사실을 잘 알고 있다. 그래서 먼저 "애들은 가라!"고 외침으로써 청중에게 묘한 기대감을 불러일으켜 약을 선전하는 동안에도 발길을 돌리지 못하도록 붙잡아 두는 기술을 구사한 것이다.

그런 다음에 약장사는 상품에 대한 호기심을 불러일으키는 멘트를 날린다.

"날이면 날마다 오는 게 아니에요! 여러 선생님, 사모님들께 제가 오늘 특별한 것을 공개하겠습니다. 김양아!"

그러면 야한 옷차림의 아리따운 처녀가 무언가를 들고 나온다. 상자는 천으로 덮여 있다. 김양은 그 상자를 다 보여주지 않고 반만 공개한다. 거기에는 구렁이 꼬리만 보인다. 약장사의 감질 나는 멘트가 바로 이어진다.

"이 구렁이로 말할 것 같으면 전 세계에서 단 한 마리밖에 없는 대가리가 두 개인 황구렁이야. 예로부터 집 안에서 구렁이를 보면 죽여야 돼? 풀어줘야 돼?"

이렇게 청중의 대답을 유도하며 더욱 호기심을 유발시킨다.

"그렇지, 풀어줘야지. 그 구렁이를 잡으면 집안에 큰일이 나. 구렁이는 영물이거든! 그런데 들어는 봤나? 대가리가 두 개인 황구렁이. 예로부터 대가리 둘 달린 황구렁이는 영물 중의 영물이어서 눈을 마주보기만 해도 병든 사람이 벌떡 일어나고, 애 못 낳는 사람이 애를 낳고, 공부 못하는 아이가 전교 일 등을 한다는 전설이 있어. 내가 오늘 몇 분에게 살아있는 그 눈을 보여드릴 테니 가지 말고 잠시만 기다리시라. 개봉 박두!"

그리고 혁대를 풀어 뱀처럼 내민다. 사람들은 대가리가 둘이라는 황구렁이를 구경하기 위해 자리를 뜨지 못한다. 이 얼마나 완벽한 호기심 유발의 기술인가?

이때부터 약장사는 맘 놓고 약을 팔기 시작한다.

"잠시 기다리시는 동안 제가 기막힌 약을 소개해 올리겠습니다. 이 약으로 말할 것 같으면 지리산에서 … (어쩌고저쩌고). 거기, 선생님. 보아 하니 하체가 부실해서 오줌발도 안 서게 생기셨어. 집에 가서 마누라 목욕하는 소리만 들어도 겁이 나서 밖으로 나오지? 이거 한번 잡숴

봐. 그러곤 오줌 쌀 때 요강 쓰지 마. 요강이 박살이 나! 오줌이 담장을 넘어 가! 전봇대 뽑아서 이를 쑤셔…."

이럴 때 옆에서 바람잡이 하는 사람이 끼어든다.

"어이, 아저씨. 여기 하나 줘 봐."

그러면 이쪽저쪽에서 바람잡이들이 "여기도 줘 봐!"를 외친다. 이제 본격적으로 약을 팔기 시작한다.

시간은 상당히 지나서 청중의 머릿속에 머리 둘 달린 황구렁이 이야기는 이미 사라진 지 오래다. 자기도 모르게 약장사의 수완에 넘어가 어느 새 손에는 약봉지가 들려 있다.

이게 바로 '궁금의 기술'이다. 이 기술은 지금 우리 생활에서 여러 가지로 변형되어 활용되고 있다.

궁금의 기술

TV조선 〈법대법〉 '궁금의 기술' 영상 보기

오래 전에 오픈마켓에서 사진도 없고, 설명도 없이 다음과 같은 제목만 있는 상품이 떴다.

"그거 팝니다."

금액은 2만 8,000원. 상품에 대해서는 아무런 설명도 없는데 댓글은 가관이었다.

"환상석입니다."

"아내가 좋아합니다."

"밤이 두렵지 않아요."

"힘이 펄펄 납니다."

상품 구매 후기로 이런 댓글이 잔뜩 올라와 있었다. 그러다 보니 남자들의 별별 이상한 상상까지 자극하기 시작했다. 성인용품인가? 남성 발기부전 치료제인가? 그러네. 댓글을 보니 확실하네.

이런 식으로 많은 남자들이 궁금증을 이기지 못해 상품을 구매하기 시작했다.

그런데….

세상에! 그 상품은 10kg 박스의 호박고구마였다.

일반적으로 남성들은 상품을 웬만하면 쉽게 반품하지 않는다. 이 상품도 이와 같은 남성들의 구매심리와 맞물려 불티나게 팔려 나갔다.

비록 속아서 주문했지만 상품을 받아본 사람들은 2만 8,000원짜리를 반품하기보다 '그냥 먹고 말지'라는 생각으로 구매를 결정하곤 했다. 게다가 내막도 모르는 아내가 "잘 샀네. 가격도 싸고 맛도 있고…"라고 하니 문제될 것이 전혀 없었다.

그렇게 구매한 남성들이 장난기가 발동해서 구매 후기에 아무 설명도 없이 또 댓글을 달기 시작한 것이다.

"저도~ 성공했습니다."

"속살이 죽여주네요."

"아내가 엄청 좋아해요~~!"

"밤이 허전하지 않네요."

이런 댓글로 그 상품이 고구마라는 것을 알아차린 사람은 아무도 없었다. 나중에 사이버 수사대가 제목이 야하다는 신고를 받고 조사하는 일까지 벌어졌다. 그런데 해당 상품이 고구마라는 것을 알고는 어쩌지 못한 것이다.

"화장대 서랍장은 절대로 열어보면 안 돼!! 알았지? 절대로 안 돼!"

만약에 아내가 이렇게 말한다면 정말로 열어보지 않을 사람이 몇이나 될까?

만약에 아내가 일부러 남편에게 열어보도록 유도한 말이라면 궁금의 기술을 사용한 것이고, 그렇지 않다면 궁금의 기술을 전혀 모르고 부부싸움의 빌미를 제공한 것이다.

궁금증을 유발하는 것은 상대방이 내게 관심을 갖도록

이끄는 기술이다. 따라서 세일즈에서 궁금의 기술은 매우 중요한 능력이라고 할 수 있다.

## 궁금의 기술 활용 사례

2002년부터 15년간 1,400여 회의 홈쇼핑 방송을 진행하면서 보험 상품을 많이 다뤘다. 손해보험, 생명보험, 변액보험의 자격증도 취득했다.

보험은 자동차와 같은 유형의 상품이 아니다. 그래서 그만큼 판매하기가 힘들다. 하지만 그 어떤 상품보다 가치가 있고, 그만큼 응분의 혜택(목돈)을 안겨주기도 한다. 사망보험금, 진단비용, 치료비용, 손해비용 등 억 단위로 지급되는 상품도 많다.

하지만 고객은 그러한 상황이 생기기 전까지 그저 계약 문서만을 가지고 있어야 한다. 따라서 무형의 상품을 구입하려는 고객에게 필요성을 느끼게 하려면 첫 단추인 'OPEN'이 매우 중요하다.

당장 필요하지는 않지만 앞으로 필요할 것을 대비하는 상품이기에 무엇보다 먼저 상품에 대한 궁금증을 유발시키는 것이 중요하다.

홈쇼핑 생방송에서 가장 많이 구사하는 것이 바로 궁금의 기술이다. 짧은 시간 안에 필요성을 느끼게 하고, 상품의 특징을 설명하고, 구매로까지 이어지게 해야 하기 때문에 간결하고 임팩트 있는 메시지 전달이 필수다.

어디 그뿐인가? 시청자들은 일정 홈쇼핑 채널을 오래 고정해 놓고 보지 않는다. 채널은 순식간에 돌고 돈다. 시청자의 눈길이 머무는 짧은 순간에 시선을 사로잡는 메시지 전달이 필요하기 때문에 홈쇼핑 방송은 그 어떤 방송보다 임팩트 있는 궁금의 기술이 필요하다.

다음은 사망보험금을 담보하는 정기보험 상품 방송에서 필자가 사용한 궁금증 유발 멘트의 사례다.

"며칠 사이 날이 무척 더워졌습니다. 휴가 계획은 세우고 계십니까? 전, 맑은 물이 흘러넘치는 계곡으로 떠나볼까 합니다. 찌는 듯 무더운 날씨에 발끝만 담가도 온몸이 시리도록 차가운 계곡에 수박 한 덩이 담가 놓고 잠시 일상을 떠나보면 어떨까, 하는 생각이 듭니다.

그런데 계곡물처럼 우리가 마실 수 있는 담수가 지구상의 물 가운데 몇 %나 되는지 아십니까? 97%는 바닷물이어서 사람이 마실 수가 없습니다. 그리고 2%는 남극과 북극에 있는 빙하라서 그것을 가져다 깨고 녹여 마시기도 거의 불가능하죠! 땅에 사는 모든 동·식물이 이용할 수 있는 담수는 고작 1%, 단 1%밖에 되지 않습니다. 그 '고작 1%의 담수'가 인간을 비롯한 땅위의 모든 생명을 살리는 생명수인 것이죠.

그렇다면 당신의 가족을 어떤 위험에서도 살아갈 수 있게 해 줄 1%의 생명수는 준비되어 있습니까? 당신 수입의 1%는 반드시 위험에 대비하십시오. 그래야 뜻하지 않은 위험이 닥쳤을 때, 당신의 연로한 부모님이 급식소 앞에서 하루 두 번 무상급식을 받으려 줄을 서지 않아도 될 것입니다. 당신의 아내가 매일 밤, 주부습진 연고를 발라가며 허드렛일로 생계를 걱정하지 않아도 될 것입니다. 당신의 아이들이 학업을 포기하고, 낮에는 편의점에서 밤에는 술집에서 돈벌이에 나서지 않아도 될 것입니다. 고작이라고 할 수 있는 당신 수입의 1%면 충분합니다."

다음은 여행 상품 방송에서 사용한 멘트다.

"환절기가 되면서 감기 환자가 부쩍 늘었다는 뉴스 보

도를 봤습니다. 외출 후에는 반드시 손발을 깨끗이 씻고 수분을 충분히 섭취하는 것이 중요하다고 합니다. 감기에 걸리면, 내과를 가야죠! 눈이 아프면 안과를 갑니다. 코나 귀가 아프면 이비인후과를 갑니다. 이가 아프면 치과를 갑니다. 혹, 약만으로 치료가 가능하다면 약국을 갑니다. 그렇다면, 마음이… 마음이 아프면 어디를 가야 하나요? 여행을 가세요!"

예로 든 두 사례는 질문을 적절히 사용하여 상대방의 궁금증이나 호기심을 유발시키는 방법이다. 그냥 "(사망 시 가족에게) 얼마가 남겨지니 아이를 위해서라도 보험에 가입하세요." 또는 "오늘 멋진 여행지를 좋은 가격에 소개하니 이번에 여행 한번 다녀오세요."라고 본론부터 말하는 것과는 접근 방식이 크게 다르다.

# 인생에 갈등이 없다면 삶도 없다

### 갈등이 클수록 관심도 커진다

부잣집 아들과 부잣집 딸이 만나서 부모의 반대 없이 순조롭게 연애하고 축복 속에 결혼하면서 끝나는 드라마를 본 적 있는가?

이런 드라마를 쓰는 작가도 없을뿐더러 아무리 인기 높은 톱스타가 출연한다 해도 그 드라마는 성공할 확률이 거의 제로에 가깝다. 시청자의 마음을 얻지 못할 것이기 때문이다.

사랑하는 남녀가 있다. 양가 부모가 엄청나게 반대한

다. 알고 봤더니, 배 다른 남매다. 그 둘은 이 사실을 알고도 헤어질 수가 없어서 외딴 섬으로 도망가서 산다. 그런데 행복한 시간도 잠시, 한 명이 불치병에 걸려 시한부 삶을 선고받는다. 그런데 그 사이에는 이미 뱃속에 아이가 자라고 있다. 그리고….

드라마의 갈등 정도는 대개 시청률과 비례한다. 그런데 갈등을 강조하다 보니 막장으로 치달을 수밖에 없다. 이처럼 엉터리 스토리에 우연을 남발하는 막장 드라마가 인기를 끄는 것은 교묘한 갈등구조를 잘 활용하기 때문이다. 사람들이 그만큼 갈등관계에 관심이 많다는 심리를 교묘하게 파고든 것이다.

갈등은 본능적으로 사람의 마음을 끈다.

아이들의 동화만 보더라도 엄청난 갈등이 존재한다. 인어 공주는 가족과 목숨까지 버리는 갈등을 겪지 않으면 왕자와 만날 수 없는 갈등구조를 지니고 있다. 백설 공주와 왕비 사이의 갈등도 최고조에 이른다. 심지어 왕비가 백설 공주를 살해하도록 지시하는 갈등구조를 안고 있다.

그러나 반대로 이랬다면 어땠을까?

계모인 왕비는 백설 공주를 진정으로 사랑하면서 오래오래 행복하게 잘 살았어요! 아무런 갈등도 없이 말이죠.

아, 참! 요술 거울은 왕비와 백설 공주가 똑같이 아름답다고 늘 대답했지요.

만약에 〈백설 공주〉가 이렇게 갈등 없는 구조로 이뤄졌다면 어떻게 됐을까? 지금처럼 사랑받는 동화로 남아 있을까? 우리는 과연 그런 동화를 재미있게 보았을까?

'거울효과'라는 심리학 용어가 있다.

원숭이에게 바나나를 먹여주고 뇌파를 검사한 다음 다른 원숭이가 바나나를 먹는 영상을 보여준다. 그러면 원숭이의 뇌에는 자신이 바나나를 먹는 것과 동일한 뇌파가 감지된다. 자신이 하고 있진 않지만 다른 개체의 행동을 보는 것만으로도 대리만족을 하는 것이다.

인간도 마찬가지다. 방송마다 '먹방'이 대세를 이루는 이유도 여기에 있다. 먹을 것이 넘쳐나지만 그것을 다 먹었다가는 비만에 걸릴 것이 겁나는 현대인은 다이어트를 위해 안 먹으려고 고생이다. 그러다 보니 TV를 통해서 기름지고 맛있는 음식을 먹는 장면을 보면서 대리만족을 하는 것이다.

소설이나 드라마는 갈등구조를 통해 심리적으로 적극적인 참여를 유도한다. 독자와 시청자는 갈등구조를 보면서 마치 자신의 일인 양 더욱 관심을 갖고 적극적으로 개입한다. 즉, 자신이 주인공이 되어 그 갈등을 해결하고 싶은 에너지를 발산하는 것이다.

## 궁금증이 갈등을 부른다

체코의 작가 밀란 쿤데라는 《참을 수 없는 존재의 가벼움》에서 "역사의 소용돌이 속에서 갈등과 반목을 거듭하는 주인공들의 방황을 통해 현대인의 분열을 묘사하고 있다." 그런데 내게는 '존재의 가벼움'보다 더 참을 수 없는 것이 있다. 간지러움이다. 그래도 발바닥이나 겨드랑이를 간지럽히는 건 어지간히 참을 만하지만 가느다란 머리카락으로 콧잔등을 간지럽히는 건 정말이지 미치도록 참기 어렵다.

그런데 그보다 더더욱 참기 어려운 것이 따로 있으니, 바로 궁금증이다.

병소에는 뽀글이 파마머리에 트레이닝 바지만 입고 있

던 아내가 오늘따라 곱게 단장을 한다. 동창모임이 있겠거니 여긴다. 그러다 이윽고 전에는 동창모임에 나갈 때 이렇게까지 신경 쓰진 않았다는 데 생각이 미치자 궁금해진다. 게다가 오늘은 월말도 아니고 일요일인데? 궁금해서 물어보지만, 그저 약속이 있다고만 한다.

그래도 정말 오랜만에 내 아내도 아직 아름다운 여자구나! 하고 느낀다. 문밖으로 나가려던 아내가 한마디 던진다.

"당신, 내 화장대 서랍은 절대로 열어보면 안 돼! 알았지? 절대로 열어보지 마!!"

내가 언제는 화장대 서랍을 열던 사람인가? 오늘따라 몇 번이나 다짐을 주며 나간다.

평소와는 생판 다르게 정성껏 단장을 하고 아침에 외출하며 했던 아내의 말이 계속 머릿속을 돌아다닌다. 결국 남편을 가만히 소파에 앉혀 두질 않는다.

이러한 상황에서 화장대 서랍을 열어보지 않고 아내가 돌아올 때까지 마음 편안하게 하루 종일 소파에 누워 있을 남편이 과연 몇이나 될까?

또한 둘도 없이 친한 친구가 별 다른 의미 없이 당연

히 그럴 거라고 생각하는 일에 대해서 "넌 정말, 내가 그렇게 생각해 왔다고 믿은 거야?"라며 통박하고는 자리를 획 떠나 버린다.

이럴 때 어떨까? 돌아버린다! '뭐지? 대체 뭔 소리지?' 궁금증의 시작은 꼬리에 꼬리를 물고 점점 커져서는 결국 어마어마한 괴물이 되어 버리기도 한다.

인간은 한번 궁금증이 일면 정말 참기 어려워진다.

〈창세기〉에 보면 아담과 이브도 (하느님의 명령을 어기고) '금단의 열매'를 따 먹으면 어떻게 될지 미치도록 궁금한 나머지 그 궁금증을 참지 못하고 뱀의 유혹에 넘어가 버리고 말았지 않은가?

이렇듯, 궁금증을 갖게 하면 상대방은 극심한 마음의 갈등을 일으킨다. 그런데 중요한 것은, 단순히 궁금하기만 해서는 싱거울 뿐이다. 그 궁금증을 해소하는 대가로 뭔가 감내해야 하는 응분의 희생이 따라야 한다. 그래야 갈등하는 가운데 팽팽한 긴장감이 감돈다. 감내하는 희생이 없다면 갈등할 필요 없이 행동해 버리면 그만이다. 갈등은 마음속에서 분출하는 에너지다. 그러므로 갈등 없는 행동은 에너지 없는 밋밋한 행동일 수밖에 없다. 갈등이 약할수록 그만큼 파급력도 약하다는 것이다.

빨간색과 파란색으로 구별된 두 개의 문이 있다. 그중 하나의 문을 열면 엄청난 보물이 저장된 창고가 기다리고 있지만 다른 하나의 문을 열면 저승사자(죽음)가 기다리고 있다. 하나의 문을 선택해 열면 당장 갑부가 될 확률이 50%인 반면에 당장 죽을 확률도 50%다. 이 확률에 목숨을 걸라고 하면 갈등 끝에 누군가는 보물을 포기할 것이고, 누군가는 죽음도 불사할 것이다.

어느 쪽을 택하든 대개는 갈등할 수밖에 없을 것이고, 그 갈등의 끝은 저마다 현재의 처지에 따라 달라질 것이다. 어쨌든 대부분의 사람들은 어떤 갈등상황에 처하든 얻을 게 더 커야 결국 행동하게 된다.

그렇다면 목숨 같은 운명을 거는 극단의 갈등상황이 아니라, 사회생활을 하면서 만나는 사람들과 갈등을 일으킴으로써 관심을 갖고 행동하게 만들 수 있는 가장 효과적인 방법은 무엇일까?

바로, 상대가 생각할 수 있는 질문을 던지는 것이다. 그리고 기다려 주는 것이다.

## 갈등의 기술 활용 사례

텔레비전은 비교적 고가품이어서 사람들은 구입할 때 신중하게 결정한다. 그래서 매장 안에 쉽게 들어오지 않고, 밖에서 진열된 상품을 보면서 자신이 알고 있는 지식으로 가격과 제품을 비교한다.

이때 판매원이 말을 걸면 멋쩍어하며 자리를 피해 다른 매장으로 발길을 돌리는 경우가 많다. 자칫하면 잠재 고객을 잃을 수 있으므로 망설이는 사람을 매장 안으로 끌어들이는 기술이 필요하다.

이때 필요한 것이 바로 궁금하게 해서 갈등을 일으키는 전략이다.

다음은 실제로 필자의 제자인 최홍석 강사가 모 전자 회사 사내강사로 있을 때 교육했던 내용이다.

백화점의 가전 매장은 주요 브랜드들이 거의 모두 입점해 있어서 고객에게 자기 브랜드를 선택하도록 하기가 쉽지 않다. 그렇다고 대놓고 호객행위를 할 수도 없다.

이때 티 나지 않게 매출을 올리는 방법이 있다. 판매원이 매장 밖에서 텔레비전을 보고 있는 사람 옆으로 간다. 들어오시라고 하면 고객은 거부반응을 보인다. 이때 호객 행위를 하지 않고서도 고객을 자연스럽게 매장으로 끌어들이는 묘책이 있다. 리모컨을 들고 가서 보고 있는 TV를 꺼 버리는 것이다. 이때 손님은 황당한 표정으로 판매원을 바라본다. 그러면 판매원은 기다렸다는 듯이 궁금증을 유발시킨다.

"고객님, 텔레비전을 고르실 때는 끄고 보셔야 합니다."

이게 무슨 말인가? TV를 끄고 보라니?

이런 말을 듣고 그냥 갈 사람은 아무도 없다. 고객은 궁금해서 물어보게 마련이다.

"그게 무슨 소리예요?"

"고객님, 텔레비전은 색으로 구현하잖아요. 물감도 마찬가지입니다. 빨간 물감의 색상을 보려면 흰색 도화지에 그려봐야 할까요, 빨간색 도화지에 그려봐야 할까요?"

"그야 당연히 흰색 도화지죠."

"그렇죠? 그러면 모든 물감을 다 모으면 무슨 색이 될까요?"

이 정도 되면 고객은 판매원의 물음에 자연스럽게 대

답하게 된다.

"검은색이 되죠."

"맞습니다. 그럼 모든 색깔의 빛을 모으면 무슨 색이 되죠? 네, 흰색 아니, 투명한 색이 됩니다. 빛과 물감은 반대의 성질을 갖기 때문입니다. 그래서 빛은 깜깜한 곳에서 더 선명하게 보입니다. 불꽃놀이를 밤에 하는 것도, 극장에서 불을 끄고 빛을 차단한 채 영화를 상영하는 것도 다 그런 연유입니다. 따라서 텔레비전을 구입할 때는 빛을 내는 패널을 봐야 합니다. 그 패널은 검은색이 좋을까요, 회색이 좋을까요?"

"당연히 검은색이죠."

"그렇죠? 그래서 텔레비전은 끄고 보셔야 합니다. 제가 전원을 끈 이유가 여기에 있습니다. 보시다시피 우리 텔레비전은 패널이 새까맣습니다. 고객님께서 제대로 보시라고 텔레비전을 끈 겁니다."

고객은 이 순간에 자신이 알고 있는 지식과 새로운 지식의 충돌로 갈등을 하고, 계속 해결책을 찾기 위해 귀를 기울일 수밖에 없다.

이쯤 되면 고객의 마음은 반쯤 넘어온 것이다.

"안으로 들어오시죠. 다른 TV와 비교하면서 보여드리겠습니다."

이쯤 되면 거의 모든 사람이 다 들어온다. 실제로 이 판매원은 이런 식으로 수많은 TV를 팔았다.

### 갈등을 유발하는 질문을 던져라

식자우환識字憂患, 즉 "아는 게 병이고 모르는 게 약"이라는 말이 있다. 갈등이 생겼을 때 인간은 본능적으로 갈등을 해소하려는 욕구가 있다. 모르면 몰라도, 알면 가만히 있을 수 없는 것이 인간이다.

암癌과 같은 심각한 질병이 생겼다고 하자. 그런데 그 사실을 알고도 가만히 있을 사람이 얼마나 될까? 행여 드라마나 영화에서처럼 '난, 운명을 받아들인 채, 아름다운 죽음을 맞을 거야!'라고 생각하는가? 웃기는 일이다. 현실이라면 과연 그럴 수 있을까?

중년의 나이! 건강에 자신은 없는데 병이 있다고 할까 봐 두려운 마음에 아예 병원에 가지 않는 사람이 의외로 많다. 병이 무서워서 그럴까? 아니다! 대개는 병 자체보다 (질병 진단을 받았을 경우) 그것을 해결할 일이 더 두렵기 때문에 핑계를 대면서 건강진단을 회피한다.

'내 몸은 내가 제일 잘 알아!'

그러니까 갈등 상황을 만들지 않으려고 병원에 가는 걸 꺼린다. 만약, 큰 병이 들었다고 하면 막대한 치료비 때문에 집을 팔지, 큰 자식 대학을 포기할지, 아내가 일을 시작할지, 그냥 병을 키울지… 하는 복잡한 갈등에 휘말리게 되고 결국 어느 쪽이든 선택을 강요받게 된다.

아무리 큰 일이라도 모르고 있으면 갈등이 없지만, 일단 알게 되면 갈등에 휩싸이게 마련이고, 그 갈등을 해소하기 위해 아무리 하기 싫어도 뭔가 구체적으로 행동해야 한다.

그렇다면 협상이나 대화에서 어떤 미묘한 상황을 제시하여 상대방을 갈등하도록 만든다면 어떨까? 상대방이 가만히 있을까? 겉으로는 태연한 척할지 몰라도 본능적으로는(마음속으로는) 반드시 그 갈등을 해결해야 한다고 생각한다. 바로 이런 순간에 솔깃한 해결 방안을 제시하면 상대방은 자기도 모르게 나의 의견에 동의하게 된다.

갈등을 일으키는 가장 효율적인 방법은 무엇일까? 바

로 질문을 던지는 것이다.

그렇다면, 어떤 내용의 질문을 던져서 갈등을 일으킬 것인가에 대해서 생각해 보자.

첫째, 불을 보듯 뻔한 질문으로 시작한다.

이것은 무장해제를 시키기에 매우 좋은 방법이다. 그저 평범하고 달리 고민할 필요가 없는 일상적인 질문부터 던진다. 나는 이미 어떤 대답이 나오리라는 것을 예상하고 있는 것이다.

상대방이 대답을 하면, 이제는 조금 고민이 필요한 질문을 던진다. 이제 서서히 갈등이 시작된다. 그래도 아직 어렵지 않게 대답할 수 있는 수준이다. 그런 다음에 마지막으로 나의 대화 속으로 끌어당길 결정적인 질문을 던진다.

상대방은 이제 본격적으로 고민에 빠진다. 뭐라고 대답을 할 수는 있지만, 그 자신도 만족할 만한 답은 아니다. 이런 상황에서 내가 참신하든 획기적이든 솔깃한 답을 제시한다. 그러면 상대방은 그것을 갈등의 해결책으로 받아들이고 관심을 갖거나 지지하게 된다.

## 당신이 홈쇼핑에서 당했던 그 기술

다음은 내가 홈쇼핑에서 많이 썼던 질문으로 궁금증을 일으키는 화법을 소개한다.

"바닷물이 오염된다는 이야기는 들어봤지만 바닷물이 썩었다는 말을 들어보신 적 있으신가요?"

이 질문은 상대방이 생각을 다른 방향으로 자유롭게 옮겨가지 못하도록, 일종의 생각의 새장을 치는 질문이다. 이쯤 되면 시청자들은 직접 입으로 대답하지 않아도 머릿속으로 대답하게 된다.

'그런 말은 들어본 적 없지.'

그 다음에 바로 자유질문을 한다.

"맞습니다. 염분 때문에 바닷물은 썩지 않습니다. 자, 그렇다면 바닷물의 염분은 몇 %일까요?"

답이 맞고 틀리고를 떠나서 시청자가 자유롭게 말할 수 있도록 범위를 넓혀 주는 질문이다. 그러면 많은 시청자들이 걸려든다.

대답은 맞든지 틀리든지 둘 중 하나다. 그러면 바로 두 경우를 상정해서 다음과 같은 질문을 던진다.

❷ 틀린 답을 했을 경우: 아, 많이 쓰셨네요. 바닷물의 염분은 고작 3%에 불과합니다. 그런데 그 3%의 염분 때문에 지구표면의 2/3를 덮고 있는 광대한 바다가 썩지 않는 겁니다. 인생도 마찬가지입니다. 수입의 3%를 어떻게 쓰느냐에 따라서 위기가 닥쳤을 때 내 삶이 썩지 않을 수 있는 겁니다.

❸ 맞은 답을 했을 경우: 맞습니다. 고작 그 3%의 염분으로 인해서 지구표면의 2/3를 덮고 있는 광대한 바다가 썩지 않는 겁니다. 인생도 마찬가지입니다. 수입의 3%를 어떻게 쓰느냐에 따라서 위기가 닥쳤을 때 내 삶이 썩지 않을 수 있는 겁니다.

그러면 사람들은 급격히 마음을 열고 집중하기 시작한다. 나는 이런 식으로 종신보험과 정기보험에서 수많은 고객의 주문전화를 받을 수 있었다.

질문은 상대방의 생각을 집중시키고 갈등을 일으키는 효과를 준다. 그때 해결책을 제시하면 상대방은 카타르시스를 느끼듯 마음을 열기 시작한다.

따라서 상대방의 마음을 얻고 싶다면 갈등을 일으키는 질문을 적절히 활용하는 기술을 익혀야 한다.

## 스토리텔링은 기억의 잔상

: 갈등을 각인시키는 스토리텔링

갈등 요소를 활용하는 것이 얼마나 중요한지 공감했을 것이다. 그렇다면, 과연 어떻게 마음속에 갈등이 오래도록 남을 수 있을까?

인생에서 가장 감명 깊었던 영화를 떠올려 보자. 물론 최근에 본 영화일 수도 있지만, 때로는 20년, 30년이 지나서도 그 영화는 기억에 남는다. 그런데 가만히 생각해 보면, 2시간쯤 되는 영화의 모든 장면이 처음부터 끝까지 모두 기억나는 것은 아니다. 스냅 사진처럼 중간중간 인상 깊었던 몇 장면들만 기억에 남을 뿐이다. 그렇게 기억나는 장면들을 모두 이어붙여 봤자 10분, 아니 불과 1분도 안 될 수 있다.

하지만 우리는 그 영화의 10분, 아니 1분만 기억한다고 말하시 않는다. 영상만의 기억은 비록 1분에 지나지 않을지언정 스토리는 처음부터 끝까지 말할 수 있기 때문이다. 스토리의 힘은 이런 것이다.

갈등 요소도 그냥 토막으로 말하는 것이 아니라, 스토리를 구성해서 이야기하면 그 '기억의 잔상'이 훨씬 더 오래 그리고 생생하게 남는다.

'기억의 잔상' 즉 '여운'은 감동의 산물이다. 감동을 받아야 오래도록 마음에 남는다는 것인데, 감동은 스토리를 통해 우리의 마음을 적신다.

요즘의 디지털 영화는 프레임이라는 것이 없지만, 원래 영화는 바로 잔상효과를 이용한 것이 아닌가. 밝은 전구를 쳐다보다가 눈을 감으면 그 불빛의 잔상이 남는다. 이러한 잔상이 사라지기 전에 다음 영상을 보여준다. 그러면 관객은 두 개의 다른 영상이 연결되어 있다고 느끼게 된다.

필름으로 영상을 찍는다. 물론 멈춰진 영상이다. 하지만 그 영상에 불빛을 비추고 영사기로 정지 영상을 1초에 34프레임으로 돌리면 마치 정지된 영상이 움직이는 것처럼 느껴진다. 바로 잔상효과를 이용한 것이다. 그래서 초창기에는 영화를 '활동사진'이라고 불렀다.

기억도 마찬가지다. 아무리 훌륭하고 감동적인 메시지라도 그냥 단편적으로만 전달하면 바로 잊히고 만다. 하지만 스토리와 엮어서 전달하면 오래도록 기억에 남고, 그 감동도 더욱 커지게 마련이다.

## 갈등 없는 드라마는 앙꼬 없는 찐빵

갈등 없는 드라마를 드라마라고 할 수 있을까? 스토리텔링 역시 갈등 구조의 서사가 없다면 어떤 흥미도 주지 못할 것이다. 드라마든 스토리텔링이든 핵심은 갈등 구조의 서사라는 것을 명심해야 한다.

이야기는 논리보다 강렬하게 사람의 마음을 파고든다. 따라서 나를 기억시키고 싶거나 상품을 각인시키려면 스토리텔링을 활용하는 것이 효과적이다. 요즘 광고나 스피치에서 스토리텔링을 강조하는 이유도 여기에 있다.

스토리텔링은 스토리story+텔tell+링ing의 합성어로, 말 그대로 '이야기하다'는 뜻이다. 즉, 상대방에게 전달하고자 하는 바(사건, 지식, 정보)를 스토리로 구성한 것을 말한다.

스토리텔링에는 반드시 '주인공'이 필요하다. 그 주인공은 고난과 갈등을 겪어야 하며, 그런 시련 속에서 무엇인가를 이룬다. 중요한 것은, 그때 주인공이 겪는 고난과 갈등이 깊어질수록 청자는 더 강렬하게 반응하며 더 오래 기억한다는 것이다.

대표적인 것이 베이글에 얽힌 스토리텔링이다.

인터넷에서 베이글을 검색하면 독일어로 등자鐙子라는 뜻의 뷔글bugel에서 유래되었다는 설과 17세기 초 폴란드의 크라코프에 사는 어느 유대인 제빵사에 의해서 만들어졌다는 설을 찾을 수 있다.

둘 다 사연이 있는 설이다. 유대인이 만들어서 즐겨 먹었는데, 제2차 세계대전 이후 독일에서 이에 얽힌 아름다운 사랑 이야기 덕분에 전 세계에 알려져서 많은 식탁에서 사랑받게 된 것이 바로 베이글이다.

베이글에 얽힌 사랑 이야기는 다음과 같다.

: 독일 제빵사의 슬픈 사랑

제2차 세계대전이 한창인 무렵 독일군은 히틀러의 명령에 따라 유대인들을 무자비하게 학살하기 시작한다.

그때 독일의 한 마이스터 제빵사에게 폴란드 출신의 아름다운 유대인 아내가 있었다. 다른 유대인들과 마찬가지로 그녀도 수용소로 끌려갔다. 남편은 아내를 구하고자 가산을 정리하고 전국의 수용소를 찾아다니며 아내의 행방을 수소문한다. 직업을 속이고 이 수용소 저 수용소를 떠돌며 잡부로 취업하여 수용소마다 샅샅이 살펴 아내를 찾기 시작한다. 지성이면 감천이라고 온갖 고생 끝에 그는 마침내 한 수용소에서 아내를 발견한다. 그러나 먼발치에서만 바라봐야 할 뿐 아내를 만나는 것은 엄두도 낼 수 없는 상황이다.

그러자 그는 매일 정성을 다해 빵을 구워 수용소장에게 바쳤다. 그 맛에 감탄한 수용소장은 제빵사를 불러 칭찬을 하며, 원하는 것을 들어 줄 테니 말해 보라고 한다. 그는 수용소장에게 자신이 독일의 최고 제빵사라는 사실과 아내를 찾아 이곳까지 오게 된 경위를 털어놓는다. 그리고 자신의 전 재산을 바칠 테니 아내를 빼달라고 간청한다.

하지만 당시의 수용소에서는 소장 마음대로 유대인을 풀어 줄 수 있는 상황이 아니었다. 소장은 뇌물이 탐이

났지만 자신의 목숨과 바꿀 수는 없는 노릇이라 석방은 못시키고, 대신 소장 집무실에서의 하룻밤 면회를 허락한다.

약속시간이 다가오자 제빵사는 아내가 좋아하는 빵을 정성스럽게 만든다. 폴란드가 고향인 아내는 베이글을 무척 좋아했다. 원래의 베이글은 중간에 구멍이 뚫려 있지 않았다. 하지만 당시 수용소 복장은 주머니가 없는 누더기 한 벌이 전부였으므로 아침에 헤어질 때 빵을 싸줄 수가 없었다. 하룻밤에 먹을 수 있는 빵의 양은 한정되어 있고, 언제 다시 만날 기약이 없기에 제빵사는 새로운 형태의 베이글을 생각해 낸다.

먼저 쉽게 상하지 않도록 이스트를 넣지 않고 대신 차지게 만들었다. 그리고 도넛 모양으로 구멍을 내서 줄에 여러 개를 주렁주렁 묶었다. 그는 소장 집무실에서 하룻밤을 보내고 끈에 꿰어 있는 베이글을 아내의 허리에 묶어 주면서 눈물 흘리며 이렇게 말한다.

"여보, 지금 헤어지면 언제 다시 만날지 나도 몰라. 하지만 소장님과 내가 친하니까 당신을 반드시 빼내 줄 거야. 이 빵은 당신이 어릴 적 고향에서 즐겨 먹던 베이글

이야. 모양이 조금 다르지? 당신 옷에 주머니가 없어서 줄에 꿰어 허리에 차도록 구멍을 냈어. 나눠 먹지 말고 당신 혼자서 조금씩 먹어. 이 빵을 다 먹기 전에 내가 반드시 당신을 구하러 올 거야, 반드시. 제발 그때까지 건강하게 살아있어야 해. 알았지? 사랑해, 여보…."

두 사람은 눈물로 이별하며 훗날을 기약했다. 그러나 이 만남이 끝내 마지막이 되고 말았다.

제빵사는 아내가 죽자 미국으로 망명했으며, 평생 아내를 그리워하며 맛있는 베이글을 만드는 데 온 삶을 바쳤다.

: 소설은 허구지만 거짓말이라고 욕먹진 않는다

어떤가? 아름다운 스토리 아닌가? 그런데 죄송하다. 이 이야기는 내가 지어낸 소설이다. 아니, 스토리텔링이다. 앞에서 이야기한 설을 바탕으로 내가 상상해서 만든 스토리다. 영화도 소설도 모두 이와 마찬가지다.

결국 이야기가 기억에 오래 남는다. 내가 이야기한 베이글 스토리가 허구인 것을 알지만 앞으로 베이글을 먹을 때 어쩔 수 없이 제빵사와 아내의 슬픈 사랑 이야기가 떠오를 것이다. 당연히 이 이야기를 알기 전과 후 베이글을 대하는 느낌이 크게 달라져 있을 것이다.

비록 버터와 우유, 설탕은 들어 있지 않지만 베이글을 보면 왠지 달콤하고 고소한 맛을 느끼게 될 것이다.

이것이 스토리텔링의 힘이다.

이제 여러분은 제빵사에 얽힌 스토리텔링으로 베이글을 보면 구입해야 할지 말아야 할지 갈등할 수밖에 없는 길로 들어선 것이다.

이처럼 상대방의 마음을 열기 위해서는 스토리텔링을 구사해서 상대방의 마음속에 갈등을 끊임없이 일으키는 전략을 세워야 한다.

## 필요의 어머니는 갈등이다

필요성必要性을 영어로는 흔히 니즈needs라고 한다.

세일즈에서 고객에게 니즈를 제공하는 것은 매우 중요한 일이다. 세일즈의 50% 이상은 바로 니즈를 제공하는 것에 달려 있다고 해도 과언이 아니다.

휴대폰을 새로 구입하는 사람 중에 통화가 불가능해서

교체하는 사람이 과연 얼마나 될까? 거의 다 새로운 기능이 추가되거나 디자인이 바뀌는 바람에 멀쩡한 휴대폰을 고물로 만들고 새 휴대폰을 구입한다. 휴대폰 업체에서는 고객이 수시로 기기를 바꾸도록 기능을 업그레이드하며 끊임없이 구매의 필요성을 제시하고 있다.

이를 위해 많은 기업들이 신제품을 출시할 때는 충분한 기술이 있음에도 불구하고 이전보다 월등한 제품을 바로 출시하지 않는다. 지금 널리 사용하고 있는 제품과 성능이 너무 크게 차이가 나면 사용자가 신제품에 호감을 갖고 구매하기까지 시간이 너무 오래 걸리므로 제품 회전 주기가 길어져 기업 운영에 큰 타격을 받을 수 있기 때문이다.

따라서 기업에서는 고객의 구매의욕을 자극하기 위해 성능이 조금씩만 향상된 상품을 자주 내놓는다. 기존의 제품에서 아쉬웠던 부분을 살짝살짝 채워 주며 끊임없이 상품을 구매할 수 있도록 고객의 니즈를 창출해 주는 것이다.

## 찰리 채플린도 공포로 웃음을 만들었다

중학교에 다니던 즈음, 소극장이 생기기 시작했다. 그 전까지는 2~3층 규모의 커다란 극장에서 영화를 관람했는데, 이 무렵부터 150좌석 안팎의 자그마한 극장들이 생겨나기 시작했다. 아마 지금의 CGV, 메가박스, 롯데시네마 등의 멀티플렉스 상영관의 원조쯤 되지 않을까?

어떻게 생겼는지 궁금한 마음에 친구와 함께 극장에 가게 되었다. 맨 앞줄의 한가운데에 친구와 둘이 앉았다. 뒤로도 거의 사람이 없었다. 우리 둘이 극장 전체를 전용으로 사용하는 기분이었다. 그때 본 영화가 〈나이트메어〉였다.

마을 아이들을 죽이는 살인마 프레디가 있었다. 마을 사람들은 살인마를 법으로 처벌하는 대신 잡아서 몰래 불에 태워 죽이고 만다.

시간이 흘러 어린아이들이 자라서 청소년이 되었을 때 프레디가 꿈속에 나타나서 아이들을 해친다. 영화 속 인물들은 불안해서 잠을 이루지 못한다. 꿈에서 일어난 일이 실제로 벌어지기 때문이다.

이 영화를 보고 필자 또한 한동안 잠 자는 것이 두려웠던 적이 있다. 이 영화가 호러 영화의 한 획을 그으면서 7편까지 이어졌는데, 〈나이트메어〉가 오리지널 1편이다.

텅 빈 객석, 눈에 가득 차는 큰 화면과 귀를 쩌렁 쩌렁 울리는 사운드의 삼박자는 정말이지 지금까지도 공포감을 느끼게 할 만큼 강렬했다.

인간은 본능적으로 공포에 강렬하게 반응한다. 공포란 나를 위협하는 것이다. 그러니 생명에 영향을 미칠 수 있다. 그래서 공포의 대상이나 상황으로부터 도망치거나, 그 공포의 원인을 제거하려는 의지가 생기게 된다.

영화 속의 인물들도 그냥 도망쳐 버리면 그 상황을 벗어날 수 있을 텐데, 굳이 공포의 대상과 맞서 싸운다. 그래서 관객은 더욱 숨죽이며 긴장하게 된다. 이는 관객으로 하여금 카타르시스를 느끼게 하기 위한 작전이다. 그냥 도망가서 끝나 버리면 무슨 재미가 있겠는가. 아니, 영화를 만들 이유가 없다.

상대방에게 뭔가 제안하여 필요성을 각인시키고자 할 때는 이런 공포 심리를 활용하는 것도 효과적일 수 있다.

지나치지만 않다면 인간의 공포 심리를 이용하여 관심을 키우자는 것이다.

세일즈에서 니즈를 제공할 때는 고객으로 하여금 공포를 느끼게 하는 전략을 병행한다. 즉, 새로운 상품을 구매하지 않으면 시대에 뒤떨어진다는 둥, 낙오자가 되지 않으려면 빨리 신제품을 구입해야 한다는 둥 끊임없이 공포심을 유발시킨다.

"이 정도는 가지고 있어야 유행에 뒤떨어진다는 소릴 듣지 않을 겁니다."

"지금 이 보험에 가입하지 않았다가 내일이라도 당장 무슨 일이 생기면 어떻게 하겠습니까?"

이와 같은 멘트들이 바로 고객의 불안심리, 즉 공포심을 자극해서 구매하게 만드는 전략이다.

암보험 상품을 한창 방송하던 때였다.

"저도 가끔은 허황된 생각을 하곤 합니다. 복권에 당첨되는 상상인데요. 850만 분의 1의 확률. 이것은 곧 죽기 전까지 벼락을 두 번 맞을 확률이라고 합니다. 하지만 마음속으로는 이미 수십 번 당첨되었죠. 집도 몇 채 샀고, 해외여행도 수십 번은 다녀왔을 겁니다. 그런데 복권 당첨의 꿈은 마냥 허황된 꿈이 아닙니다. 보세요. 적어도 일주일에 대여섯 명의 당첨자가 나오고 있습니다.

그런데 만약에 당첨 확률이 4분의 3인 복권이 있다면 어떡하시겠습니까? 당장 빚을 내서라도 구입해야 하는 것 아닐까요? 그런데 아시나요? 놀라운 것은 우리나라 성인 4명 중 3명이 암에 걸릴 확률이 있다고 합니다. 그런데 우리는 어떤 대비를 하고 있나요? 벼락 맞을 확률보다 어려운 복권에는 좋은 꿈을 꾸었다는 등의 이유로 무시로 투자하는 걸 아까워하지 않으면서도, 4분의 3이란 피할 수 없을 만큼의 확률을 가진 암에 대해서는 설마라는 핑계로 투자할 생각을 않는 것입니다.

그런데 여러분, 더 무서운 건 뭔지 아세요? 암에 한번 걸리면 보험회사에서는 절대로 보험을 받아주지 않는다는 것입니다. 암보험에 가입할 수 있다는 것은 현재까지 건강하기 때문에 가능한 축복입니다. 여러분, 절대로 그 축복을 피하지 마세요!"

비록 축복이라는 말로 부드럽게 끝냈지만, 이 말은 암에 걸릴 확률을 제시하며 로또 당첨의 확률과 비교하면서 고객에게 공포감을 유발시켜 필요성을 느끼게 만드는 강력한 설득 기술이다. 방송이라서 표현의 수위를 조절하고 있는 것이지 만약 얼굴을 마주하는 자리라면 더 강하게 공포심을 불러일으키는 멘트를 활용했을 것이다.

이것이 바로 공포심을 유발해서 필요성을 느끼도록 강하게 어필하는 방법이다.

보험에서는 여기에 보태 책임감을 강조하며 공포심을 유발시키면서 필요성을 더욱 강력하게 제시하는 경우가 많다.

"당신이 부모로서 대비하지 않으면 세상 어느 누구도 당신 아이들의 미래를 준비해 줄 사람은 없습니다. 친구에게 소주 한잔 사는 것, 물론 중요합니다. 하지만 당신 아이의 미래를 위한 대비와 바꿀 만큼 중요한가요? 그 돈은 당신의 아이를 위해 써야 합니다. 당신이 아니면 안 됩니다. 당신의 아이들은…."

이것이 바로 책임감을 강조하며 공포심을 유발시키는 대표적인 사례다. 세계적인 문학 작품들도 이러한 공포 전략을 많이 구사한다.

셰익스피어의 4대 비극(〈햄릿〉, 〈리어 왕〉, 〈맥베스〉, 〈오셀로〉)과 같은 작품들이 대표적이다. 이들 작품에는 질투와

탐욕 그리고 공포의 심리가 밑바닥에 깔려 있다.

햄릿은 아버지를 죽이고 왕위를 찬탈한 데다 어머니마저 차지한 숙부를 살해하고자 하는 마음속의 공포가 밀려오고, 리어 왕은 광야에 버려진 채 비참함과 공포를 경험한다.

코미디 황제인 찰리 채플린도 작품에서 그 시대의 빈곤과 소외, 배고픔, 버려짐 등의 슬픔과 공포를 풍자로 승화시켜 웃음을 선사한다.

공포심은 사람을 움직이게 하는 에너지다. 긍정적인 방향으로는 보험처럼 위험에 대한 대비나 미래를 위한 대비, 또는 투자의 형태로 나타난다.

부정적으로는 때로 범죄의 에너지로 나타날 정도로 강력하다. 뉴스로 보도된 적도 있지만, 한 남성이 여성에게 신체적 가해를 저지르다 그 사실이 탄로날 것이 두려워 살인이라는 더 큰 범죄를 저지르는 등의 일이 여기에 속한다. 정상적인 상황에서는 이해하기 어렵다. 잘못을 덮기 위해 더 큰 잘못을 저지른다. 공포의 힘이 부정적으로 나타난 것이다.

물론 공포의 심리를 부정적으로 쓰는 것은 나쁜 일이

다. 하지만 결과적으로 상대에게도 좋은 것임이 분명한데 단지 정보가 부족해서 상대가 확신을 갖지 못할 때 그 심리를 이용해서 빨리 선택하도록 하는 것은 결코 나쁜 짓이 아니다.

따라서 세일즈에서 선택을 망설이는 이에게 공포 심리를 이용하여 빨리 선택하도록 이끌어 주는 방법을 잘 활용할 필요가 있다.

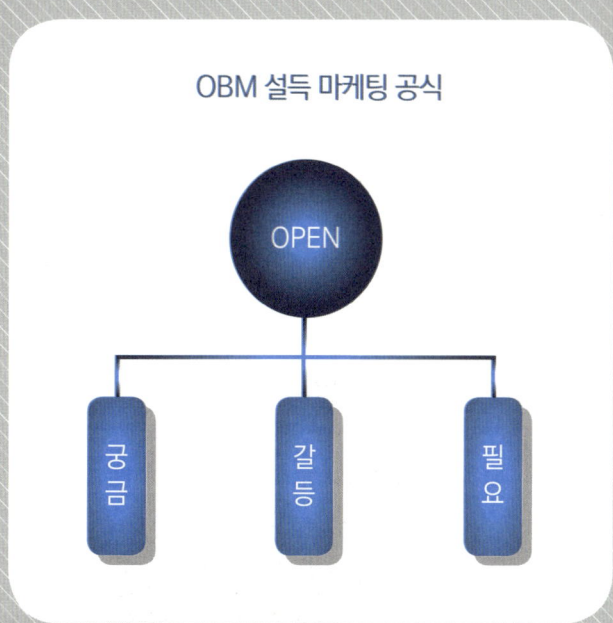

# BELIEVE

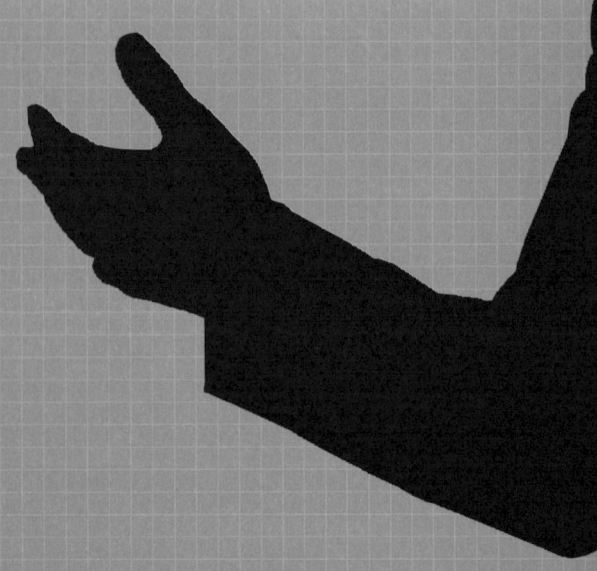

# Part 3

# 믿습니까?

 확신하십니까?

  OPEN을 통해 마음의 문을 열었으면, 이제 상대방에게 믿을 수 있다는 확신을 주어야 한다.

  BELIEVE 단계에서도 OPEN 단계와 마찬가지로 다음과 같이 크게 3단계 과정을 거치는 것이 좋다.

---

**BELIEVE 3단계**

1단계: 신뢰성
2단계: 차별성
3단계: 경제성

가장 끔찍한 불신은
바로 자기 안에 있는 불신이다.

_토머스 칼라일

# 진짜 나와 만들어진 나, 어느 쪽에 더 믿음이 갈까
## - 신뢰성

상품을 구매할 때 사람들은 대개 브랜드를 먼저 본다. 브랜드에 따른 제품의 신뢰도를 중요하게 여기기 때문이다.

인간관계에서도 마찬가지다. 자기한테 아무리 친절하게 구는 사람이라도 신뢰감이 없으면 그 사람의 말에 귀를 기울여 줄 리 없다. 건성으로 흘려듣거나 자기의 이익에 필요한 부분만 챙겨 들을 뿐이다. 심지어는 그 친절의 진의를 의심하고 마음속으로 경원하게 될 것이다.

브랜드의 대표적인 예가 명함이다. 어느 회사 어느 부서에서 어떤 일을 담당하고 있는지에 따라서, 초면임에도 불구하고 그 사람에 대한 신뢰도의 차이는 엄청나게 달라질 수 있다.

이처럼 설득을 잘하려면 무엇보다 먼저 상대방에게 신뢰를 얻는 전략을 잘 펼쳐야 한다.

## SNS 속의 나는 진짜와 달라야

신뢰를 얻는 중요한 방법 가운데 하나는 활자의 힘을 이용하는 것이다. 사람들은 입에서 나오는 말보다는 같은 내용이라도 일단 활자화된 자료를 더 신뢰한다. 그 자료의 신빙성을 따지기 전에 무의식적으로 말보다는 글을 더 신뢰하는 경향을 보인다.

강사나 교수에 대한 신뢰도도 그 사람의 말보다는 학위(학벌)나 논문, 저서에 따라 달라진다. 책을 한 권이라도 낸 사람과 그렇지 못한 사람을 대하는 태도가 크게 달라지는 이유도 여기에 있다.

요즘은 영상 매체에 출연한 경력도 신뢰 형성에 큰 힘을 발휘하고 있다. 물론 일부이겠지만 이렇게 신뢰를 형성하기 위해 출연료를 받기는커녕 방송사에 돈을 지불하고 방송에 출연하는 이들도 있다고 할 정도다.

설득 전문가가 되려면 이런 심리를 활용할 필요도 있으므로, 평소에 저술이나 방송 활동을 적극적으로 펼치는 등 경력 관리에 신경 써야 한다.

SNS를 활용한 개인 홍보도 이와 같은 맥락에서 이루어지면 좋을 것이다.

필자는 가장 기본적으로 블로그 운영을 권장한다. 페이스북이나 카카오스토리 등과 달리 블로그는 일상의 소소한 이야기보다 자신의 소신과 철학을 주장하고 표현할 수 있는 온라인상의 개인 공간으로, 학술적인 데이터베이스로 남길 수도 있고, 자기 의견을 표현하는 포트폴리오로 삼을 수도 있다. 블로그는 타인과 공감하고 소통할 수 있는 곳이며, 네이버 등 포털 검색을 통하여 인터넷에 자신을 알릴 수 있는 데이터베이스를 구축할 수 있다.

이와 더불어 블로그에 게재한 내용을 페이스북, 카카오스토리 등과 연계해서 자신의 브랜드를 구축해 나가야 한다.

이러한 작업들을 통해 드러난 일상의 모습은 나중에 자신을 대표하는 브랜드를 만드는 데도 크게 도움이 될 수 있다. 실제로 SNS 활동에 전념함으로써 자신의 브랜드 인지도를 높여 적잖은 수익을 얻는 이들도 시나브로 늘어나고 있다.

SNS 공간은 결코 사적인 공간만은 아니라는 것을 명심해야 한다. 간혹 SNS가 열린 공간이라는 특성을 인식하지 못한 이들이 비밀 일기장에나 써야 할 사적인 일들을 올려 놓았다가 한순간에 망신을 사는 경우도 있다. 인기를 먹고 사는 연예인들도 무명 시절의 민망한 기록이나 사진이 인터넷에 떠돌아다님으로써 이미지가 훼손되는 경우를 심심찮게 볼 수 있다.

그만큼 기록물은 떠도는 말보다 훨씬 영속적이고 신뢰도가 높아서 다른 사람이 나에 대한 신뢰도를 가늠하는 평가 자료로 활용된다.

잊지 말아야 할 것은 블로그나 페이스북, 카카오스토리를 할 때 먼저 자신이 얼마나 뚜렷한 목적의식을 갖고 활용하는지 수시로 점검할 필요가 있다. 잘 활용하면 자신의 전문성과 이미지를 좋은 쪽으로 부각시킬 수 있지만, 잘못 활용했다가는 오래 쌓아온 모든 것을 한순간에 잃을 수 있다는 것을 명심해야 한다.

SNS를 잘 활용하는 방법의 하나는 고객이나 관계를 맺고 있는 이들을 칭찬하여 좋은 점을 부각한 글을 올리는 것이다. 칭찬은 보이지 않는 곳에서 하는 것이 좋다고 하지만 그보다 더 좋은 것은 대중에게 글로 표현하는 칭찬이다.

SNS에 고객이나 관계를 맺고 있는 이들에 대한 칭찬의 글을 올려 보라. 언젠가 상대방이 보게 된다면 신뢰를 갖고 내가 하는 일에 진심으로 함께하려는 자세를 보이게 될 것이다.

인터넷은 무한의 공간이다. 폭증하는 데이터의 해일 속에서 자신의 브랜드를 알리려면 일정 이상의 데이터를 사람들에게 계속 공급해야 하기에 습관을 들여 꾸준히 할 것을 권장한다.

상상을 초월하는 엄청난 양의 데이터가 여러분 눈앞에서 순식간에 나타났다 사라져 간다. 그러나 어딘가에는 내가 올린 자료가 남아 있어서, 그것을 본 사람이 자신에게 기회를 줄 수 있다는 사실을 명심하자.

SNS를 활용한 신뢰 구축 전략은 생각보다 훨씬 강력한 힘을 갖고 있다.

## 증거 있어요? – 데이터가 권력이다

홈쇼핑에서는 신뢰할 만한 보도자료, 논문, 임상실험 결과, 특허 등의 자료를 엄청나게 노출한다. 홈쇼핑이 백화점보다 경쟁력을 갖는 점이 바로 이와 같은 특징을 가졌기 때문이다.

똑같은 상품을 구매하려고 백화점에 갔다고 생각해 보자. 그곳에서 이러한 논문이나 자료를 보여주며 고객에게 설명하는 판매원을 본 적이 있는가?

물론 이름값으로만 본다면 홈쇼핑이 유명 메이저 백화점보다 신뢰도가 낮은 것은 사실이다. 홈쇼핑은 순전히 TV를 매개로 이루어지므로 사람과 사람이 만나서 교감할 수 없기 때문에 각종 자료를 제시함으로써 고객의 신뢰를 얻으려 한다.

백화점을 비롯한 오프라인 매장은 실제로 어떤 상품인지 실물을 눈으로 보거나 손으로 만져본 다음 구매할 수 있지만 홈쇼핑은 화면으로만 보고 구매할지를 결정해야 한다. 또한 카드번호를 불러줘야 결제가 되기 때문에 초기 고객은 불안해할 수도 있다.

따라서 이런 심리적인 불안감을 불식시키기 위해 신뢰할 만한 각종 자료를 보여주는 것에 더욱 신경을 쓴다.

또한 홈쇼핑에는 유명 연예인이 게스트로 출연하는 경우가 많은데, 이것도 고객의 신뢰를 얻기 위한 노력의 하나다. 대중의 인기가 높은 연예인을 내세워 홍보 효과를 극대화하기 위한 의도도 있지만, 신뢰성이 높은 인기인을 출연시켜 소비자의 신뢰를 얻으려는 의도가 훨씬 크다.

기업에서 막대한 비용을 들여 기업 이미지를 홍보하는 것도 마찬가지다. 당장 상품을 파는 것도 중요하지만 전체적으로 기업 이미지를 좋게 해서 신뢰를 구축하는 것도 그에 못지않게 중요하다는 것을 잘 알고 있기 때문이다.

두산중공업의 이미지 광고 사례를 살펴보자. 두산중공업은 산업의 기초 소재인 주단조鑄鍛造부터 발전 기자재, 해수 담수화 설비 제작을 비롯해 플랜트를 건설하는 대표적인 EPC Engineering Procurement Construction 전문 기업이다. 다시 말해, 일반인을 상대로 한 소비재 상품을 만들어 파는 곳이 아니다. 그러니까 개별적인 상품은 광고할 필요가 없다. 하지만 두산중공업은 꾸준하게 이미지 광고를 하고 있다.

"사람이 미래다."

"지구의 가치를 높이는 기술!"

이처럼 두산중공업은 기업 광고를 통해 기업 이미지에 대한 선호도와 신뢰도를 높여 소비자들의 주목과 공감을 얻고 있다.

따라서 누군가를 진정으로 설득하고 싶다면 개별 사안만 붙들고 전전긍긍하지 말자. 먼저 큰 틀을 보고 우선 나에 대한 신뢰도를 높이기 위해 노력해야 한다. 평소에 내 주장을 뒷받침할 수 있는 데이터를 수집해서 꼭 필요할 때 유용하게 활용하는 전략을 구사해야 한다.

자문해 보자. 지금 나는 자기 분야의 전문가라는 신뢰감을 주기 위해 얼마나 많은 데이터를 축적하고 있는가?

## 외모는 순간이지만 목소리는 오래 남는다

설득은 결정적인 순간에 말로 이뤄진다. 따라서 대면했을 때 목소리가 주는 힘은 상상외로 크다. 실제로 설득의 달인들은 저마다의 설득력 있는 목소리를 갖고 있다. 아니, 정확하게 말하면 상황에 맞게 적절히 목소리를 바꿔가며 사람의 마음을 사로잡는 힘을 갖고 있다고 할까.

홈쇼핑을 보면 가끔 쇼호스트가 자신감 없이 말할 때가 있다. 그 목소리만 듣고 고객은 채널을 돌려 버리는 경우가 있다. 자신감 없는 목소리를 듣고 어떻게 그 사람이 소개하는 상품에 신뢰를 가질 수 있단 말인가?

일반 영업인도 마찬가지다. 상품을 소개하면서 자신감 없는 목소리로 말하면 상품뿐만 아니라 그 당사자도 신뢰하지 못한다.

선천적으로 아주 작거나 가냘픈 목소리를 가진 사람도 있다. 특히 어떤 여성은 혀 짧은 아기 소리를 내기도 한다. 이런 사람은 더욱 아랫배에 힘을 주고 내공을 쌓아 목소리를 크고 강하게 만드는 노력이 필요하다.

300km를 갈 수 있는 자동차가 100km로 가는 것과 60km 정도밖에 갈 수 없는 자동차가 억지로 100km의 속력을 내는 것은 승차감부터 다르다. 똑같은 100km 속도라도 어떤 차는 30km처럼 느껴지는 경우가 있고, 또 어떤 차는 300km처럼 불안하게 느껴지는 경우가 있다.

목소리도 마찬가지다. 평소에 훈련하지 않고 목소리만 키우는 것은 배기량을 생각지 않고 무조건 속도만 내는 것과 같다. 자기 딴에는 목소리를 크게 낸다는 것이 듣는 이를 오히려 불편하게 만들 수 있다.

그러므로 여기에서 평소에 신뢰감 있는 목소리를 만들기 위해 노력하는 방법을 소개하고자 한다.

일단 시계 하나를 준비한다. 남들이 이상하게 생각할 수 있으니까 웬만하면 혼자만의 공간을 만들어 다른 사람의 방해를 받지 않는 빈 방에서 연습하는 것이 좋다.

먼저 시작 시각을 확인한 다음 배에 힘을 주고 심호흡하며 다음과 같은 소리를 내 보자.

"아----."

한 호흡에 낼 수 있을 때까지 소리를 내본다. 남성은 40~45초쯤, 여성은 30초쯤 이어갈 수 있으면 비교적 성량이 풍부한 편이다.

처음에는 한 20초에서 소리가 마르는 사람이 많다. 나는 얼마나 버틸 수 있는지 실험해 보자. 버틸 때까지 견뎌서 얼마나 가는지 정확히 측정해 본다.

더러는 1분을 넘기는 사람도 있다. 하지만 그냥 숨을

참는 것으로 1분을 넘긴다 해도, 배에서 일정하게 "아----" 소리를 내면서 1분을 넘기는 사람은 많지 않다.

그런데 중요한 것은 계속 연습할수록 1초, 5초, 10초…, 이렇게 늘어난다는 것이다.

혹은 촛불을 켜 놓고 그 앞에 앉아서 '후' 소리를 내며 바람을 분다. 촛불이 일정하게 떨리도록, 즉 꺼질 듯 말 듯하는 상태를 가능한 한 일정하게 유지한다.

이렇게 하면 발성 훈련은 물론 호흡 훈련과 폐활량 훈련에도 많은 도움이 된다. 일반적으로 폐활량을 높이는 데는 러닝머신 위에서 뛰거나 수영을 하는 것이 좋다고 알려져 있다. 폐활량이 좋으면 그만큼 성량이 풍부하므로 다양한 목소리를 구사할 수 있다.

성대가 너무 긴장하면 편안한 소리를 낼 수가 없다. 긴장된 상태에서 강하게 이야기하면 확신에 찬 소리가 아니라 떨리고 불안한 소리가 난다. 성대의 긴장을 푼 상태에서 편안하고 확신에 찬 목소리로 말할 때 상대방은 내 목소리에 귀를 기울인다. 따라서 평소에 성대의 긴장을 푸는 노력이 얼마나 중요한지 알 수 있다.

목소리가 좋은 이들을 보면 타고났다고 생각하는 이들

이 많다. 물론 틀린 말은 아니다.

하지만 우리가 알고 있는 좋은 목소리를 가진 설득의 달인들은 타고난 것보다 후천적으로 피나는 노력 끝에 좋은 목소리를 얻은 사람이 더 많다는 것을 알아야 한다.

## 신뢰감 가는 목소리의 세 가지 비밀

사람은 소리를 통해서 감정적인 영향을 많이 받는다. 그러므로 상대방과 함께할 공간의 울림이나 배경음악 등에도 세심한 신경을 기울이는 것이 좋다.

뮤지컬처럼 마이크를 사용하지 않는 정통 연극에서는 극장의 크기와 상태에 따라서 울림의 정도가 매우 다르다. 대극장일수록 맨 뒤의 객석까지 소리가 전달되는 시간은 더 걸리게 마련이다. 그렇기에 노련한 배우는 극장의 크기와 울림의 정도에 따라서 목소리의 크기나 빠르기를 미리 설정하고 연기를 한다. 만약 프레젠테이션을 한다면 적당한 사운드를 배열해 집중도와 호감도를 높여야 한다.

하지만 가장 중요한 소리는 바로 사람의 목소리다. 신

뢰가 가는 목소리에는 여러 요소가 있겠지만, 여기서는 세 가지만 언급하기로 한다.

: "여더분, 앙녕하세영?"

첫 번째는 발음이다. 정확한 전달을 하기 위한 가장 중요한 요소이다. 웅얼거리는 소리는 사람을 피곤하게 하고 신뢰를 떨어뜨린다. 지직거리는 라디오를 오래 들을 수 있는 사람은 거의 없다. 정확한 발음과 어미 처리는 호감과 직결된다. 따라서 신뢰도를 결정짓는 매우 중요한 요소가 된다.

예전에 한 TV 코미디 프로그램 중에 '봉숭아 학당'이라는 코너가 있었는데, 거기에 등장하는 인물로 맹구가 있다. 약간 지능이 떨어지는 인물로 하얗게 말라붙은 콧물 분장을 하고, 기계충으로 머리카락이 듬성듬성한 가발을 쓰고 나온다. 그때 필자도 깔깔대며 웃었던 기억이 난다.

맹구의 이런 분장과 어눌하고 앞뒤가 안 맞는 행동이 우스운데, 특히 특유의 말투가 더 우습다. 일단 발음이 뭉개진다. 웅얼웅얼하면서 어미 처리를 길게 한다. "그랬어요~" 하고 말하는 대신 "그랬싸와~~ 뜨랬쎄~~으~요~~" 하는 식이다. 이렇듯 어미를 잘못 사용하면 코미디가 된다.

세월이 꽤 흐른 지금에도 많은 개그맨들이 말의 처음이나 끝을 이상하게 발음함으로써 대중을 웃기려고 한다. 그러니 코미디가 되지 않고 호감 가는 말을 하려면 정확한 발음이 필수이다.

**: 경차와 페라리의 차이는 속도**

두 번째는 속도다. 감정에 따라서 빠르기의 변화가 적절해야 듣기 좋고 호감을 느끼게 한다. 마치 기계에서 나오는 '뚜 뚜~~뚜 뚜~' 하는 식으로 일정하게만 말한다면 호감을 느낄 수 없다. 오히려 따분하고 인간미도 느끼지 못할 것이다.

인간은 본능적으로 감정의 상태에 따라서 심박 수가 달라진다. 감정이 격앙되면 몸속의 피가 빨리 돌게 된다. 당연히 심장은 더 자주 펌프질을 하게 되고, 더 많은 산소를 필요로 하게 된다. 그러니 자연스럽게 호흡이 빨라질 수밖에 없다.

만약 흥분할수록 말이 느려진다면 정신이나 신체가 비정상적인 사람일 것이다. 이렇듯 상대방과의 대화에서 감정의 변화가 생길 때는 그 상황에 맞게끔 말의 속도에 변화를 주어야 한다. 그렇지 않으면 상대방은 나의 말에 건성으로 대한다고 생각할 것이다.

: "밥 먹어"도 높낮이에 따라 뜻이 세 가지

세 번째는 높낮이다. 중국어나 영어는 4성이나 악센트에 따라 뜻이 달라진다. 하지만 우리나라 말에는 악센트가 없다? 정말 그럴까?

'알겠어' ↘는 이해했다는 긍정의 의미다.
'알겠어' ↗는 이해했니? 라는 의문의 의미다.
어느 나라 말 못지않게 높낮이에 따라 의미가 달라질 수 있는 것이 우리말이고, 그 높낮이를 잘 사용하면 아름답고 호감 가는 이미지를 줄 수 있다.

한동안 서비스직에 종사하는 사람들에게 '솔 톤tone'으로 말하는 연습을 시키기도 했다. "안녕하십니까? 고객님~~!" 하는 식이다. 하지만 이런 일률적인 지루한 톤에서 진심으로 따듯함을 느끼는 사람이 얼마나 될까? 말의 높낮이는 일정하게 규정짓는 것이 아니라 자신의 감정에 따라 편안하고 진솔하게 이야기할 때가 가장 좋다.

혹여 대화나 발표를 하는 데 어려움이 있다면 전문가에게 교정을 받거나 배우는 것도 좋은 방법이다.

위에서 언급한 기본 원칙만 알고 있어도, 상대방을 만났을 때 나이나 직위 혹은 주제의 경중에 따라 어느 정도의 속도와 높낮이로 말할지 미리 정할 수 있다.

결론적으로 청각 요소는 음악과 같은 것이다. 너무 밋밋하지 않아야 하고, 그렇다고 클럽 음악처럼 빠르고 시끄럽기만 해서도 안 된다. 적절히 조화를 이룬, 즉 리드미컬하면서도 편안한 음악 같아야 한다.

# 당신은 무엇이 다른가요?
## -차별성

　소비자는 브랜드로 신뢰를 확인한 다음에 색상이나 디자인 같은 제품의 특성에 관심을 갖는다. 따라서 상품을 잘 팔고 싶다면 앞에서 구축한 신뢰를 바탕으로 상품의 특색을 소비자에게 어필할 수 있어야 한다.

　이때 명심해야 할 것이 있다. 고객도 이미 해당 상품 정보는 어느 정도 알고 있다는 것이다. 고객도 이미 알고 있는 정보를 설명하느라 애쓴다면 고객은 지루해서 마음을 닫게 된다. 그러니까 이미 널리 알려진 정보보다는 자신만 알고 있을 상품의 결정적인 특색을 파악해 두었다가 그 부분을 특별히 어필할 수 있어야 한다.

## 기능이 적은 것이 장점이라고?

홈쇼핑에서 세탁기를 판매할 때의 일이다. 어제까지는 49만 9,000원짜리 세탁기를 판매했는데, 갑자기 오늘부터 39만 9,000원짜리를 판매해야 할 일이 생겼다.

가격이 싼 만큼 예약 기능이 없고, 외장에 펄이 들어가 있지 않으며, 물 조절을 수동으로 해야 하는, 어제까지 판매했던 제품보다 기능이 좀 떨어지는 제품을 판매해야 한다.

이럴 때 많은 이들은 스스로 모순의 덫에 갇혀 판매에 소극적이기 십상이다. 어제까지는 지금의 상품보다 비싼 물건을 팔면서 그 제품의 좋은 점만 이야기했는데, 오늘 갑자기 가격이 낮은 제품을 판매하자니, 자칫 어제까지 했던 말을 뒤집어야 하는 상황이 올 수 있기 때문이다.

하지만 나는 오히려 그 모순을 역이용하여 정면 돌파하기로 했다. 먼저 오늘 판매해야 할 싼 제품의 단점을 확실히 알고, 그 단점을 감추기보다 아예 대놓고 드러내는 전략을 썼다.

그래서 방송 첫 멘트를 이렇게 시작했다.

"안녕하십니까? ○○전자 세탁기 특별전 3회 대축제에 오신 것을 환영합니다. 오늘이 첫 방송입니다. 이 세탁기는 어제까지 제가 판매하던 49만 9,000원짜리와 모양은 같지만 동일한 제품이 아닙니다. 10만 원을 인하한 것이 아니라 10만 원이 저렴한 전혀 다른 세탁기입니다. 그러다 보니 10만 원 비싼 세탁기에는 있는 세 가지가 없습니다."

나중에 안 사실이지만 그 멘트를 듣고 사무실에서 방송을 보던 MD가 깜짝 놀랐다고 한다. 일부러 단점을 드러낼 필요는 없으니까 오히려 가격이 저렴하다는 장점을 부각해야 한다고 생각했는데, 내가 그 단점을 자랑삼아(?) 구체적으로 드러내자 좌불안석이었다는 것이다.

나는 MD의 걱정을 일축하고 막힘없이 단점을 더 드러내기 시작했다.

"이 제품은 펄 장식이 없으며, 물 조절은 수동으로 해야 하고요, 결정적으로 예약 기능이 없습니다."

그러자 이번에는 PD가 어쩔줄 몰라 했다. 하지만 나는 다 생각하는 바가 있었기에 전혀 개의치 않고 멘트를 이어갔다. 아무리 큰 단점이라도 관점만 바꾸면 장점이 된다는 것을 잘 알고 있었기 때문이다.

"이 세탁기는 신혼부부가 쓰는 제품이 아닙니다. 그러니까 신혼부부는 사지 마세요. 그분들은 좀 비싸더라도 편의 기능이 많은 걸 사세요. 드럼 세탁기 같은 걸 사시는 게 좋습니다. 이 세탁기는 세탁기를 7년 이상 쓰신 분들께 권해 드립니다. 세탁기 7년 이상 쓰시면서 예약 기능을 얼마나 사용해 보셨습니까?"

그러면서 고객의 범위를 좁혀 주었다. 실제로 세탁기 쓰면서 예약 기능을 써 본 사람이 많지 않다는 것에 착안하고 이 부분을 집중 공략한 것이다. 이렇게 고객의 범위를 좁힘으로써 더욱 구체적인 멘트를 이어갈 수 있었다.

"이 세탁기는 무엇보다 저렴한 제품을 원하는 소비자를 위한 것입니다. 생각해 보세요. 10년 넘도록 예약 기능 그거 몇 번이나 써먹었습니까? 지금껏 그 기능을 한 번이라도 사용한 사람은 거의 없습니다. 그래서 그런 기능을 빼고 그 대신 가격을 내렸습니다. 그 기능을 쓰실 분은 좀 비싸더라도 다른 세탁기를 사시고, 그런 잘 쓰지도 않은 기능이 필요 없는 분이라면 이 세탁기를 구매하셔서 10만 원 버시기 바랍니다.

세탁기는 대개 다용도실에 놓고 씁니다. 다용도실에 인테리어를 하는 사람은 거의 없잖아요. 손님이 왔을 때도 다용도실은 안 보여줍니다. 그렇게 나만 보고 쓰는 세탁기 외관에 굳이 펄까지 넣어서 원가를 올릴 필요가 있을까요? 그럴 필요 없겠죠? 그래서 펄 기능을 빼고 가격을 내린 겁니다.

또 이 세탁기는 물 조절이 수동입니다. 물론 자동이 좋지만 전자레인지도 자동 버튼보다는 수동 다이얼을 더 좋아하는 분이 많더라고요. 그래서 이런 분들을 위해 일부러 수동으로 만들었습니다. 속옷 빨래는 '소', 일반 빨래는 '중', 이불 빨래는 '대', 이렇게 세 가지만 구분해서 넣으면 됩니다. 그래서 원가를 절감하려고 일부러 세 가지를 뺀 것입니다. 전체적인 성능은 그대로인데 다만 좀 더 간단하게 만들어 가격을 확 내린 겁니다.

기능만 많다고 좋은 상품이 결코 아닙니다. 복잡한 기능 때문에 오히려 잦은 고장과 A/S 할 일만 더 생깁니다. 물론 세탁 성능에는 아무 차이가 없습니다.

어떻게? 예약 기능 넣고, 물 조절 자동으로 하고, 펼 넣어서 10만 원 올려서 팔까요? 아님, 이대로 그냥 드릴까요?

39만 9,000원이라는 가격, 오직 방송 중에만 구매 가능한 가격입니다. 이것도 3,000대밖에 없습니다. 이게 매진되면 대한민국에서는 이 가격의 이만한 세탁기 다시 볼 수 없습니다. 필요하신 분들은 늦기 전에 전화 주세요."

그날 방송은 그야말로 초대박이었다. 불과 30분 만에 3,000대가 모두 팔려 버린 것이다.

그러자 오히려 문제가 발생했다. 원래 3회에 걸쳐 3,000대를 팔 계획이었는데, 1회에 다 팔아 버렸으니 더 이상 팔 물건이 없게 된 것이다. 진짜 3,000대밖에 없는 물건이었다.

## 기능이 많은 것이 장점이죠!

다음날, 나는 본부장에게 불려갔다. 이제 더는 팔 제품이 없으니 원래 계획했던 3회 중 남은 2회 분량에 다시 49만 9,000원짜리 세탁기를 팔라는 것이다.

어제는 세 가지 기능이 없는 제품이 오히려 간편하고 좋다며 판매했는데, 오늘은 세 가지 기능이 있는 제품을 팔라니 참으로 난감했다.

싼 제품은 다 팔아먹고 비싼 것은 못 팔겠다고 하면 후배들에게 욕을 먹는다며 어떻게든 팔아야 한다고 했다.

그러나 나는 그 상황을 부정적으로 받아들이지 않고 절대 긍정의 마음으로 나 자신을 믿어 보기로 했다. 그래서 다시 팔아야 할 제품의 특징을 꼼꼼히 살펴보았다.

그랬더니 어제는 예약 기능, 펄 장식, 물 조절 기능이 필요 없는 사람에게 팔았다면 오늘은 이 세 가지 요소를 필요로 하는 사람에게 팔면 된다는 생각이 들었다. 이번에는 세 가지 요소의 장점을 부각하는 전략을 짰다.

세탁기 스토리

세탁기 판매 스토리의 영상은 오른

쪽 큐알QR 코드로 생생하게 볼 수 있다. TV조선의 '스토리잡스'라는 프로그램에서 이 이야기를 소개했더니 반응이 폭발적이었다.

그날 49만 9,000원짜리 세탁기도 잘 팔렸다. 전날처럼 대박까지는 아니었지만 그날 이후 주변 사람들에게 능력을 인정받기에는 충분했다.

절대 긍정으로 보니까 단점도 장점으로 보였고, 오히려 솔직하게 단점을 강조하니까 소비자에게 그대로 먹혀들었다.

무엇이든 지기지피知己知彼의 자세로 최선을 다하면 길이 보인다. 단점을 장점으로 만들기 위해서는 무엇보다 절대 긍정의 마음이 필요하다. 내가 팔아야 할 물건의 특징을 잘 알고, 그 물건을 구매하려는 고객의 특징까지 파악하고 있다면 무엇이 문제이겠는가.

없는 특징을 억지로 만들어 내려고 애쓰기보다는 이미 있는 특징으로 차별화하여 상대방에게 접근하면 반드시 통하게 되어 있다.

## 나의 단점은 장점이고 너의 장점은 단점

팔걸이와 목 받침도 없는 학생용 의자를 팔아야 했을 때의 일이다. 내가 봐도 내세울 기능이랄 게 거의 없어서 판매하기에 선뜻 마음이 내키지 않는 상품이었다. 하지만 이때도 그 단점을 장점으로 활용했다. 절대 긍정의 마음으로 애정을 갖고 보니까 보였다.

나는 이렇게 첫 멘트를 날렸다.

"이 의자는 학생 공부용 의자입니다. 이 의자에 비밀이 있습니다. 대부분 의자에 있는 세 가지가 없다는 겁니다.

팔걸이가 없습니다. 일부러 뺐습니다. 목 받침도 없습니다. 일부러 뺐습니다. 심지어 쿠션도 없습니다. 일부러 뺐습니다.

왠지 아세요? 전 세계 공교육 학교의 학생 의자에 팔걸이와 목 받침이 있는 의자를 쓰는 곳이 있는지 살펴보세요.

거의 못 보셨죠? 왜 그럴까요? 가격 때문일까요? 아닙니다. 팔걸이가 있으면 한쪽으로 기대고 싶어져요. 기대면 허리가 휩니다. 한창 몸이 만들어지는 청소년기에 자세가 망가지는 것은 의자 때문인 경우가 많습니다. 사람의 집중력은 20분이 한계입니다. 20분에 한 번씩은 의자에서 일어나 스트레칭을 하거나 방 안을 걸어다녀야 그다음 더 집중해서 공부할 수 있습니다. 그러나 의자가 너무 편하면 잊어 버리거나 집중력이 떨어지는 상태에서 계속 앉아 있기만 합니다. 학습 효율성이 떨어지는 겁니다.

의자가 너무 편하잖아요. 그러면 일어나기가 싫어집니다. 눈은 책을 보고 있지만 몸은 좀비처럼 늘어지게 됩니다. 의자의 엉덩이는 푹신한 것보다 약간 딱딱한 편이 좋습니다.

목 받침도 마찬가지예요. 편하면 자꾸 기대고 눕고 싶거든요. 그래서 일부러 뺀 겁니다.

자, 의자에 팔걸이 넣고, 목 받침 넣고, 푹신한 쿠션 넣고 해서 그만큼 비싸게 받을까요? 아니면 척추를 생각하고 집중력을 높이는 이 의자를 이 가격에 드릴까요?

공부는 집중력입니다.

이 의자는 지금 1,000개밖에 없습니다. 바로 바꾸셔야 합니다. 팔걸이 빼야 합니다.

여러분 자녀의 허리를 위해서 당장 전화 수세요."

이날 방송도 대박을 쳤다.

내가 애정을 갖고 팔아야 할 상품을 바라보니 남들이 단점으로 여기는 것들이 내게는 모두 장점으로 다가온 것이다.

다시 한 번 강조하지만 세상에 어느 것도 완벽한 상품은 없다. 단지 내가 그것을 장점으로 볼 때 장점이 되는 것이다.

이렇게 관점을 바꾸면 경쟁사의 장점은 내게 단점으로 보이고, 우리 회사의 단점은 그 이면에 있는 장점이 보인다.

보험 상품도 경쟁사에는 없고 당사만 보장해 주는 특약이 있을 수 있다. 그렇다면 그 장점을 차별화시켜서 특징을 강조할 수 있어야 한다.

반대로 경쟁사에만 있고 당사에는 없는 특약이 있다면 반드시 알고 있다가 그 이면에 있는 차이를 장점 삼아 특징으로 제시할 수 있어야 한다. 이런 경우에는 고객이 반드시 물어보게 마련이다.

"왜 다른 데는 해 주는데 여기는 안 해 줘요?"

이럴 때 전혀 당황할 필요가 없다. 어떻게 세상의 모든 보험 상품의 특징을 다 안단 말인가? 그때는 얼른 이렇게 말할 수 있어야 한다.

> "고객님, 대단하십니다. 꼼꼼하게 비교하셨네요. 그런데 그건 중요하지 않습니다. 저희는 일부러 뺀 겁니다. 대신 우리 상품에는 이런 장점이 있습니다."

그러면서 경쟁사에는 없고 우리 제품에만 있는 특징을 차별화해서 제시해 주면 된다. 나는 이런 방법으로 수많은 제품을 팔았다. 여러분도 믿는 만큼 반드시 그 성과를 얻을 것이라 확신한다.

기억하는가? 내 상품에 없는 것은 단점이 아니라 장점을 살리려고 일부러 넣지 않은 것이다. 즉, 중요하지 않다고 생각했기 때문에 뺀 것이다.

반대로 내 상품에만 있는 것은 중요하기 때문에 일부러 넣은 것이다. 생각은 누구나 관점에 따라 다 다르다.

모든 것은 주관적이기에 경쟁사에서 모니터링한다고 해도 하나 문제될 것이 없다. 내가 중요하지 않다는데 뭐라고 시비를 걸 것인가?

이런 확신이 있으면 상대방을 설득할 수 있다. 내가 중요하다고 생각하고 당당하면 고객에게도 그대로 전달이 된다.

## 다르게 보면 다르게 보인다

어쩌면 이것은 손 안 대고 코 푸는 전략이다. 여건상 달라진 것은 아무것도 없지만 바라보는 상대방, 즉 고객의 시각을 바꾸는 전략이다.

서울우유는 수십 년간 국내 시장점유율 1위를 차지해온 유제품 업계의 선두주자다. 그런데 80여 개 유제품이 쏟아지기 시작한 시점부터 시장점유율이 지속으로 떨어지기 시작했다.

우리가 알고 있는 유제품 종류만 해도 몇 개인가? 어린이 우유만도 수십 종이다. 그리고 뼈에 좋다느니, 두뇌 발달에 좋은 DHA가 함유되어 있다느니, 저지방이어서 다이어트에 좋다느니 하는 갖은 이유로 제품이 세분화되면서 기존의 입지가 날로 좁아진 것이다.

그러자 서울우유는 발상을 전환하여 새로운 전략을 선

보였다. 이전까지는 우유 팩 겉면에 유통기한만 적혀 있었다. "○○○○년 ○○월 ○○일"까지 마실 수 있다는 것이다. 하지만 서울우유는 기존의 유통기한에다 생산 일자를 함께 표기하기 시작했다.

> "우유는 신선해야 합니다. 얼마나 오래도록 두고 마실 수 있느냐는 하는 것은 중요하지 않습니다. 언제 생산된 우유인지, 그래서 얼마나 신선한가를 따져 봐야 합니다."

생산 일자를 함께 표기함으로써 이런 메시지를 강조한 것이다. 고객은 그 시점부터 우유를 고를 때 생산 일자를 보고 가장 최근에 나온 제품을 구매하기 시작했다. 유통기한만을 표기한 다른 우유는 왠지 덜 신선해 보인다는 관점을 심어 준 것이다.

서울우유의 이러한 발상의 전환에는 어떤 추가 투자도, 생산설비의 변화도 필요하지 않았다. 초록색의 겉모양도 그대로였다. 내용물도 당연히 그전과 같았다. 달라진 것은 오로지 겉에 생산 일자만 더 적어 넣은 것뿐이었다.

하지만 그 발상의 전환 하나로 소비자는 서울우유를 전혀 다른 우유로 바라보기 시작했다. 우유를 고를 때 생산 일자를 보기 시작한 것이다.

발상의 전환 하나만으로 서울우유는 시장점유율을 대폭 끌어 올렸다. 이후 다른 우유 회사에서도 생산 일자를 표기하는 바람에 그 효과는 반감되었지만, 그때 끌어 올린 시장점유율로 최고의 자리를 지킬 수 있었다.

보험 업계에서도 이런 예를 찾을 수 있다.

외국계 보험 회사 AXXA는 당시 확고부동한 1위로 군림하던 삼성화재에 도전장을 내민다. 브랜드 인지도나 국내 시장 상황을 감안했을 때, 삼성화재를 따라잡기란 정말 어려운 일이다.

그때 AXXA는 가입자의 자료 조사 결과 재가입률, 즉 보험사에 가입했던 고객이 다시 그 보험사에 가입하는 비율이 높다는 것을 알아냈다. 그리고는 광고를 통해서 인식을 바꾸는 전략을 실행한다.

"자동차 보험!! 재가입률을 꼭 확인하세요~~!!"

자사의 재가입률이 높다는 사실을 부각하면서, 그 이유가 고객 만족이 높기 때문이라는 메시지를 강하게 전달했다. 이 발상의 전환으로 짧은 기간 안에 많은 고객을 유치할 수 있었다.

보험 상품의 내용은 하나도 변한 것이 없었다. 서울우유의 경우처럼 고객의 시각만 바꿔 놓았을 뿐인데, 그 효과는 놀라웠다.

고객에게 차별화된 특징을 제시하기 위해서 반드시 무엇이 있고 없고의 문제만으로 접근할 필요는 없다. 타사와 똑같은 조건이라도 그것을 바라보는 시각을 바꿈으로써, 고객에게 자신만이 가진 상품의 특징을 차별화시켜 보여준다면 의미 있는 성과를 얻을 수 있다.

## '특별한 혜택'의 유혹
### -경제성

신뢰를 얻고 특징을 차별화해서 강조했으면, 이제 내 말을 듣고 설득을 당했을 때 고객에게 어떤 이익이 있는지 제시해야 한다.

### 그래서 얻는 게 뭔데?

"그래서 얻는 게 뭔데?"

많은 사람들이 뭔가를 결정할 때, 마지막으로 상대방이나 자신에게 던지는 질문이다. 이익이 되어야 하지, 그렇지 않으면 행할 이유가 없다. 물론 이익이 되지 않아도 행하는 경우가 있다. 자원봉사 같은 활동이다. 하지만 심리학자나 정신과 의사의 진단 결과 남을 도울 때 충만한 행복감과 자기만족을 느낀다고 한다. 자기도 모르게 자기에게 도움이 되는 행동을 한다는 것이다. 이타적 동기에서 출발한 자선활동이나 봉사활동도 결국 자신의 삶에 어떤 형태로든 도움이 되므로 행한다고 한다.

## 물질적 이익 vs. 심리적 이익

사람들이 느끼는 만족도는 대부분 물질적 요인보다 심리적 요인에 더 크게 좌우된다. 가방을 예로 들어 보자.

보통 들고 다니는 여성용 손가방은 50만 원 안팎이면 예쁘고 튼튼한 데다가 쓰기 편한 것을 살 수 있다. 그런데 왜 수백 만 원짜리 이른바 명품 가방을 선망하는 사람들이 그리 많을까? 그 이유는 가방 자체의 용도에 만족하기보다는 명품 소비를 통해 상류 계급에 속한다는 심리적 만족감을 느끼기 때문일 것이다. 일종의 과시욕이다.

요즘 드라마에도 이러한 상투적인 장면이 조금씩 변형되어 자주 나온다.

가난한 집 딸이 부잣집 아들을 사귀게 되었는데, 남자의 어머니가 여자를 불러내서 "내 아들 만나지 마라! 우리 집안이 어떤 집안인데, 네까짓 게 감히…!" 하며 돈 봉투를 놓고 간다. 여자는 잠시 바라보다가 돈 봉투를 놓고 그냥 일어선다. 물론 '어차피 만나지 않겠다고 할 거면 돈이나 받고 만나지 말지!'라고 할지도 모른다. 하지만 그렇게 되면 두 주인공이 다시 만날 일은 없을 테고, 시작한 지 얼마 되지 않아 드라마를 끝내야 한다.

돈을 받지 않은 여자의 행동에 대부분의 사람들이 박수를 보낸다. 왜 그럴까? 돈의 액수에 상관없이 '그깟 돈'에 자존심을 팔지 않았다는 심리적 대리만족을 느끼기 때문이다. 이렇듯 사람을 결정적인 순간에 움직이게 하는 힘은 물질적인 것보다 심리적인 데서 비롯하는 경우가 많다.

### 명분이 필요해

설득을 위해 상대방에게 이익을 제시해야 하는데, 특히 심리적인 이익을 제시하려면 막연하게 느껴질 수 있으나 '명분'을 제시하면 된다. 명분은 냄비 뚜껑 위의 작은 구멍과 같다.

국을 끓이는데 뚜껑을 닫아 놓으면 흘러넘치게 마련이다. 그래서 끓기 시작하면 뚜껑을 열어 놓는다. 하지만 뚜껑에 작은 구멍 하나만 있으면 굳이 뚜껑을 열어 놓지 않아도 된다.

할지 말지 망설이는 경우가 있다. 이럴 때, 상대방에게 작은 명분 하나만 있어도 정반대의 결정을 내리는 경우는 의외로 많다. 꼭 중대한 결정을 할 때가 아니더라도, 연인이나 부부가 소소하게 다투는 상황에서도 '그 말 한마디만 해 줬어도…' 하는 상황은 얼마든지 있다.

직장생활을 하는 전공감 씨는 월급 1,000만 원을 받는 고소득자다. 그런데 직장에 불만이 많다. 함께 입사한 동기들보다 상대적으로 승진도 늦고 월급도 적기 때문이다. 주변 사람들은 돈 잘 번다고 그를 부러워하지만, 정작 그는 '언제 그만두어야 하나?' 늘 고민한다. 조직에서 자신이 중요한 사람이 아니라는 소외감과 무력감 때문이다.

반면, 전공감 씨의 절친한 친구인 나설득 씨는 전공감 씨 월급의 절반인 500만 원을 받는다. 하지만 그는 늘 지신의 일에 만족하고 열정으로 가득하다. 물론 그만두니 마니 하는 고민도 없다. 그는 중요한 프로젝트의 책임자로 있으며, 입사 동기들보다 승진이 빠른 데다가 이사진을 제외하면 월급도 많이 받는 편이다.

두 사람의 처지를 보자면 돈이 다가 아니라는 생각이 절로 든다. 결국 사람은 심리적으로 만족하면, 물질적인 부족함으로부터 자유로워질 수 있다.

뭔가를 제안하고 건의할 때, 상대방이 물질적 이익을 얼마나 취할 수 있는가를 논하기 전에 먼저 심리적·정신적으로 얻을 만족감을 이야기하고 나서 물질적인 이익을 제시한다면 더 즉각적이고 만족스러운 반응을 이끌어낼 수 있을 것이다.

### 가격이 비싸도 구매하는 진짜 이유

"우리 상품이 제일 쌉니다."

이런 식으로 가격 이익만을 제시하면 오히려 스스로 상품의 가치를 깎아내리게 되므로 실패할 확률이 높다.

소비자에게 제시하는 이익은 경제적인 부분만이 아니

라 심리적인 부분도 포함되기 때문이다.

이때는 가격을 깎아 주는 것보다 부가 혜택을 주는 것이 더 좋다. 가령, 다른 회사 상품에는 없고 우리 회사 상품에만 있는 사은품, 추가 구성, 장기 무이자 할부 같은 혜택을 내세워 구매를 유인하는 것이 훨씬 효과적이다.

### 조삼모사에서 배우는 마케팅

중국 송宋나라 사람 저공狙公이 원숭이를 기르고 있었다. 넉넉한 형편도 아니면서 많은 원숭이를 기르다 보니 먹이 공급이 큰 부담이었다. 어느 해 흉년이 들어 사람도 짐승도 먹을 것이라곤 도토리밖에 없었다. 그 도토리마저 충분하지 않았다.

'덮어놓고 먹이를 줄이겠다고 하면 녀석들이 펄쩍 뛸 테지.'

이에 저공은 원숭이들을 불러 놓고 말했.

"이제부터 아침에는 도토리 3개, 저녁에는 4개를 주려고 한다. 괜찮겠느냐?"

원숭이들은 왜 아침에 하나를 덜 주느냐, 그것 먹고 배가 고파 어떻게 사느냐며 아우성이었다.

"그렇다면 아침에 도토리 4개, 저녁에는 3개로 하자꾸나. 그러면 아침에 저녁보다 한 개를 더 먹게 되지. 어떠냐?"

그러자 원숭이들은 모두 기뻐했다.

조삼모사朝三暮四. 결국 같은 얘기지만 어떻게 조합하느냐에 따라 받아들이는 느낌은 사뭇 달라질 수 있어, 일찍이 마케팅에서도 조삼모사 기법을 폭넓고 교묘하게 사용하고 있다.

500mL짜리 샴푸를 파는데, 오늘 딱 하루만 500mL 샴푸를 사면 200mL 샴푸 한 병을 더 준다고 한다. 500mL가 1만 원이니 200mL면 4,000원이라는 건데, 썩는 것도 아니므로 미리 사두어도 좋겠다는 생각이 들 것이다.

그런데 다음날은 이렇게 말한다. 오늘 딱 하루만 500mL 샴푸를 사면 100mL짜리 샴푸 2병을 더 준다고…. 하지만 사실 포장 용기만 다를 뿐 주는 양은 같다.

의외로 많은 곳에서 이러한 '조삼모사'식 판매 기법을 사용하고 있는 것을 볼 수 있다. 최근에는 정부에서 100g당 금액을 따로 표기하게끔 했다. 오죽했으면 법으로 정하기까지 했을까?

그런데 아직도 이런저런 방법으로 사람들의 눈을 현혹시키고 있다. 그렇다고 이 방법이 거짓말을 하는 것도, 비도덕적인 것도 아니다. 그저 장삿속이니 대응은 소비자가 알아서 할 일이다. 파는 쪽에서는 그저 할 일을 하는 것뿐이다.

혜택을 제공할 때도, 상대방이 고마움을 느끼게 해야 한다. 제대로 생색을 낼 줄 알아야 한다는 것이다. 가능하면, 한꺼번에 큰 것을 주는 것보다 작은 것이라도 필요할 때마다 조금씩 나눠서 주는 것이 좋다. 혹은 메인 혜택 하나를 먼저 제공하고 끝으로 아주 작은 혜택이나마 추가로 제공하면, 두 번 받는다는 인식을 갖게 되므로 더 큰 만족을 느낄 수 있다. 이왕 고객에게 주는 혜택이라면 한껏 고마움을 느끼도록 하는 것은 세일즈를 하는 사람이 응당 할 일이다.

### 혜택은 '생색나게' 부담은 '부담없게'

처음부터 많은 혜택을 한꺼번에 제공하는 것은 좋지

않다. 처음부터 이익을 많이 준다는 사실을 다 드러내면 상대방은 그것을 당연한 것으로 알고 더 많은 것을 요구하기 십상이다. 그쯤 되면 혜택을 받았다기보다 당연한 것을 받은 것으로 생각해서 그것이 자신에게 이익이라는 생각을 하지 않는다.

또한 고객에게 제공할 수 있는 혜택은 한계가 있으므로 그 범위를 벗어나서는 안 된다. 보험 상품을 판매하면서 고객에게 대납을 해 준다면, 처음에는 고객에게 혜택을 줘서 좋은 것처럼 보이지만 나중에는 오히려 독이 되어 돌아오는 경우가 많다. 첫발을 그렇게 들여놓으면 이후에도 계속 대납을 요구하는 고객이 늘어나서 고객을 유치할수록 더 큰 손해를 보게 되는 구렁텅이로 빠질 수 있다.

어디 그뿐인가? 그런 행위는 동료들에게 피해를 줄 수도 있어, 결국 제 살을 깎아 먹고 회사에서 도태되는 결과를 초래할 수 있다.

따라서 혜택을 줄 때는 정해진 범위 내에서 많이 주는 것처럼 요령을 발휘할 줄 알아야 한다. 즉, 처음부터 다 주는 것이 아니라 필요할 때마다 곶감 빼주듯 조금씩 주는 것이 좋다.

물론 상황에 따라서는 한꺼번에 몰아서 줄 수도 있지만, 혜택을 줄 때는 상대가 혜택을 받는다고 느낄 수 있도록 단계에 따라 요령껏 줘야 한다.

## 할부나 분할의 가장 큰 목적은 '착각'

더운 여름 시원한 음료를 한잔 먹고 싶다. 이때 커다란 얼음 한 덩어리를 통째로 집어넣는 것이 빨리 시원해지겠는가, 아니면 작은 조각으로 부숴서 넣는 것이 빨리 시원해지겠는가? 당연히 후자다.

작은 얼음조각들은 음료와 닿는 면적이 많아서 훨씬 빨리 녹기 때문에 금방 시원해진다.

부담감도 마찬가지다. 100만 원이라고 하면 큰 부담이 되지만, 12개월 할부라고 하면 한 달에 8만 3,000원이면 된다. 이정도 액수는 일상에서 잘하면 한 달간 아껴서 마련할 수 있다. 나의 일상과 닿는 면적이 더 많아지니 부담스럽다는 느낌이 덜하다. 그래서 구매를 결정하기가 쉽고 **빨**라진다.

하지만 자동차 구매의 경우, 대개 할부에 따르는 이자

를 고객이 부담하므로 할부 개월 수를 짧게 해야 유리하다. 그런데도 할부 개월 수를 길게 할수록 판매 성공률이 높다. 고객은 매월 내야 하는 금액이 적을수록 부담감을 덜 느끼기 때문이다.

이렇게 매월 일정액을 납입해야 하는 아이템들이 여럿 있다. 대개 대여 형식으로 사용하는 정수기도 마찬가지다. 이런 경우에는 대개 총 납입액은 거론하지 않고 월 납입액만 강조한다. 보험도 마찬가지다. 편안한 노후를 위해 젊어서부터 한 달에 10만 원씩만 아끼자고 한다. 충분히 그럴 수 있다. 또한 그래야 한다.

하지만 총액을 따져 보면 이야기가 달라진다. 월 10만 원을 30년간 납입하면 원금만 3,600만 원이나 된다. 중도에 해약하면 손해이므로 신중하게 결정해야 하는데, 한 달에 기껏(?) 10만 원을 투자하여 안온한 노후를 마련한다고 하니 쉽게 결정해 버리는 것이다.

## 실질이익 vs. 기대이익

고객에게 이익을 제공하는 것은 고객을 생각해서 주는

것인데, 그 이익을 실질이익과 기대이익으로 구분할 수 있다.

실질이익은 고객이 당장 체감할 수 있는, 즉 눈앞에서 확인할 수 있는 이익이다. 이에 반해 기대이익은 당장 체감할 수 없는 이익이다. 일정한 기간이 지나야 생기는 이익으로, 고객이 바로 눈앞에서 확인할 수 없기 때문에 이 부분을 적극적으로 알리고 인식시켜 줄 필요가 있다.

: 실질이익

같은 상품이라면 당신은 편의점과 대형 할인매장 가운데 어디서 구매하겠는가? 당연히 더 저렴한 대형 할인매장에서 구매한다고 할 것이다. 그런데 꼭 그렇기만 할까?

편의점은 대형 할인매장에 비해 가격이 꽤 비싼 것이 사실이다. 하지만 가만히 들여다보면 편의점에서는 할인행사가 잦다. '1+1'과 '2+1' 같은 할인 행사로 파는 상품은 대형 할인매장보다 저렴한 경우가 많다.

특히 음료나 커피, 아이스크림과 같은 상품을 자주 이러한 행사 상품으로 판매한다. 이른바 미끼 상품이라고 하는데, 이런 상품을 구매하러 왔다가 다른 상품도 구매하도록 유도하는 것이다. 아무튼 필자도 이런 상품은 편의점에서 구매하는 경우가 많다.

이렇게 실질적으로 금액이 비교되면 손익을 바로 파악할 수 있어 고객은 실질이익을 중요하게 생각한다.

따라서 실질이익이 클 경우는 이 부분을 고객에게 적극적으로 강조하는 것이 좋다. 가장 단순하지만 가장 효과가 큰 방법이다.

그런데 고객 중에는 자신이 실질이익을 잘 따지고 있다고 착각하는 경우가 많다. 마치 대형 할인매장이 항상 이익이라고 착각하는 것처럼. 이럴 때는 경우에 따라 편의점을 이용하는 것이 더 실질적으로 이익일 수 있다는 점을 강조해서 고객이 가진 선입견이나 오류를 정정해 줘야 한다. 그러면 고객의 마음을 확실하게 사로잡을 수 있다.

고객이 잘 빠지는 실질이익의 오류를 살펴보자.

X라는 상품을 구매하러 온 고객이 있다. 정가는 10만 원이다. 다음과 같이 두 가지 조건이 있다. 당신은 어디에서 구매하겠는가?

**㉮ 3만 원 할인  ㉯ 50% 파격 세일**

판매원이 3만 원을 깎아 주겠다고 했다. 그런데 고객은 외곽의 대형 할인마트로 가면 50%를 깎아 준다며 그곳에 가서 구매하겠다고 한다.

'아! 걔네들…. 미쳤나? 50%나 깎아 주면 뭐가 남는다고?'

판매원은 속으로 이렇게 생각하며 말문이 막힌다.

이런 현상은 스마트폰과 인터넷의 발달로 실시간 가격 비교가 가능해지면서 대한민국에서 일상으로 벌어지는 일이다. 입으로는 가격을 물어보면서 손으로는 스마트폰으로 검색하는 경우도 많다.

다시 위의 상황으로 돌아가 보자.

대형 할인마트까지는 승용차로 45분 정도 걸린다. 왕복 1시간 30분이다. 길이라도 막히면 왕복 2시간도 넘게 걸린다. 거기에 유류비가 1만 5,000원 정도 발생한다. 시간상의 기회비용과 노동력을 투자하는 것까지 감안하면 사실상 실질이익이 거의 없다는 것을 알 수 있다. 결국 힘들이지 않고 이곳에서 지금 구매하는 것이 낫다는 결론이 나온다.

하지만 일반적으로 고객은 이러한 부분은 고려하지 않고 그저 눈에 보이는 명목상의 금액이 더 적은 쪽만을 선택하려고 한다.

이는 실질이익 개념에 오히려 위배된다. 얼핏 봐서는 실질이익을 더 보는 것 같지만, 다른 요소를 감안하면 실질이익이 더 감소한다는 것을 몰라서 하는 행동이다. 이런 상황이 실제로 많이 벌어지고 있다.

유아용품 매장을 운영하는 지인에게 유모차를 구매하려고 문의했을 때의 일이다.

"인터넷에서 더 저렴하게 판매하는 곳이 있을 텐데…. 좀 더 깎아 주면 안 될까?"

그러자 지인은 나에게 한 일화를 들려주었다.

젊은 부부가 카시트를 구매하러 매장에 찾아왔다. 이것저것 꼼꼼히 따져 보고, 가격도 물어보고, 족히 1시간 이상 살펴보더니 가방에서 한 뭉치나 되는 종이를 꺼냈다. 그러고는 "어떤 사이트에서 얼마에 판매되고 있던데…" 하며 지인 앞에서 가격을 비교하고 밑줄 친 인쇄물을 넘기고 하더니 다른 매장도 알아보겠다며 나가 버렸

단다.

그때 지인은 이 말을 하고 싶어서 몇 번이나 입을 오물거리며 참았다고 한다.

"고객님, 그 정도의 자료를 조사하려고 몇 날 며칠을 고생하셨나요? 그런데 여기저기 돌아다니기까지 한다면 그 시간도 만만치 않을 거예요. 세상에서 가장 저렴하게 구매하려는 건 아니시죠? 그 시간에 당신의 아이와 함께 하는 것이 더욱 가치 있는 일이 아닐까요? 엄마, 아빠가 인터넷에서 가격 비교를 하는 동안 아이는 혼자서 천장만 바라보며 누워 있었을 텐데…."

지인의 말을 듣고 난 후 나는 제시한 금액을 지불하고 유모차를 구매할 수밖에 없었다. 그 이후로 유모차의 가격을 알아보기 위해 시간을 허비하지 않았다.

: 기대이익

실질이익과 기대이익은 구분되지 않고 함께 제시되는 경우가 많다. 하지만 상품에 따라 영향을 미치는 정도는 다르다. 공산품의 경우에는 실질이익이, 서비스나 무형상품의 경우에는 기대이익이 더욱 크다.

기대이익은 구매 당시의 금액적인 이익보다 상품을 구매함으로써 앞으로 생겨날 이익에 대한 기대감을 갖게 하는 것이다. 여행 상품이나 보험 상품, 금융 상품, 서비스 상품과 같은 것이 대표적이다.

여행 상품을 예로 들어 보자.

유럽 3개국을 7박 일정으로 여행하는 데 2개의 상품 A와 B가 있다. 코스는 비슷하지만 금액은 B가 A보다 30% 정도 더 저렴하다.

당신은 어떤 여행 상품을 선택하겠는가? 대개는 당연히 저렴한 여행 상품을 선호할 것이다. 그러나 싼 게 비지떡이 될 수도 있다는 의심을 해 볼 필요가 있다. 그래야 진정으로 더 좋은 상품을 선택할 수 있을 테니.

먼저 항공사를 보자. 중간 기착지 경유 여부에 따라 소요 시간과 항공료가 달라진다. 또 일등석과 일반석은 미주 지역 기준으로 최소 3배 이상 차이가 난다. 밤 11시에 출발하는 비행기라면 비행기에 타자마자 자정이 넘어가고 1박을 하게 된다. 도착하면 그만큼 같은 곳을 돌아보더라도 여유가 없다.

호텔은 어떤가? 국내 여행만 하더라도 민박(홈스테이)인가, 펜션인가, 모텔인가, 호텔인가에 따라, 호텔도 등급에 따라 1박당 비용은 몇 배 차이가 나기도 한다.

식사는 또 어떤가? 라면에 김밥과 특급 호텔의 식사는 구태여 비교하지 않아도 될 것이다.

같은 코스의 여행 상품이라도 그 품격과 감흥은 다를 수밖에 없다.

시기도 고려해야 한다. 우기, 건기, 비수기, 성수기, 극성수기, 연말, 연시, 연휴기간…. 이처럼 여행 상품은 같은 기간, 같은 장소라도 결코 같은 상품일 수가 없다.

자, 이제 당신은 무엇을 기준으로 여행 상품을 선택하겠는가? 단순히 일정과 경비만으로 선택할 것인가? 아니면 여행의 목적과 동행하는 사람 등의 특성을 고려해서 가장 만족도가 높을 성싶은 상품을 고를 것인가?

결국 자신의 위치와 조건에 따라 기대이익이 높은 상품을 선택할 수밖에 없을 것이다.

따라서 여행 상품을 판매할 때는 먼저 고객의 지위와 조건을 살펴 거기에 맞는 기대이익을 제시해서 최상의 상품을 구매할 수 있도록 해야 한다.

비용에 개의치 않는 부자 고객에게 실직이익을 고려해

서 값싼 상품을 소개하거나, 한 푼이 새로운 가난한 고객에게 기대이익을 고려해서 비싼 상품을 소개한다면 결코 그 계약은 성공할 수 없다.

보험 상품도 마찬가지다. 보장만이 중요한 것이 아니다. 회사의 재무건전성이나 예정이율 등도 반드시 따져 보아야 한다. 보험사마다 사업비를 책정하는 정도가 조금씩 다르기에 이런 것까지도 세심히 살펴봐야 한다.

고객에게 이익을 제시할 때에는 단순히 눈에 보이는 실질이익만을 강조해서는 안 된다. 향후의 만족감을 지속적으로 기대할 수 있는 기대이익도 함께 알려 주어야 고객은 최종 선택을 할 것이다.

그리고 실질이익과 기대이익을 제시했음에도 고객이 결정을 내리지 못한다면 그때는 추가 혜택과 더불어 고객이 느끼는 부담감을 덜어 줘야 한다.

추가 혜택에 대해서는 실질적으로 계약을 이끌어내는 다음 단계인 'MOVE'에서 살펴보자.

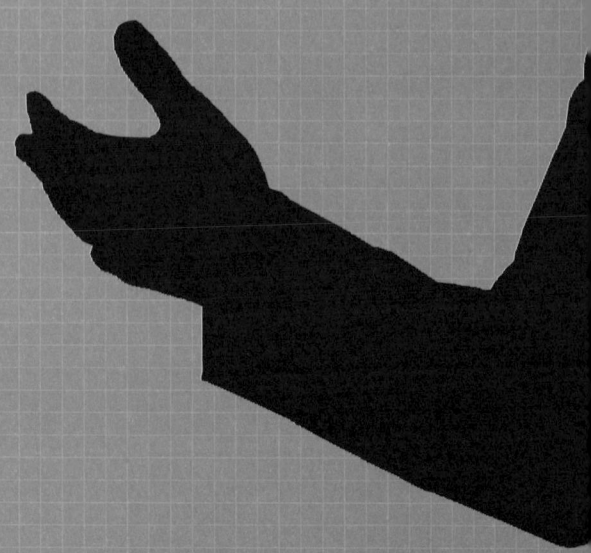

# MOVE

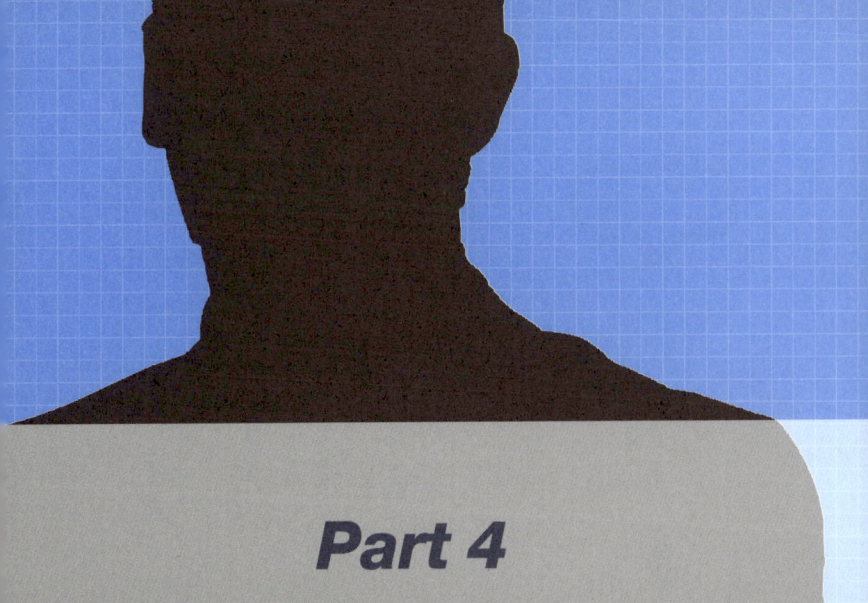

# Part 4

# 오빠 믿지? 일단 가자!

 어떤 걸로 하시겠습니까?

고객 설득의 완성은 계약서에 사인을 받는 것이다. 설득 과정에서 아무리 공을 들이고 잘했더라도 정작 계약서에 사인을 받지 못하면 설득은 실패한 것이다.

MOVE는 고객이 상품 구매를 최종 결정하도록, 즉 계약서에 사인하도록 이끄는 것이다. 설득을 완성하려면 앞 단계(OPEN, BELIEVE)에서 강조한 핵심 사항을 최종 정리해 줘야 한다.

그런 다음 질문은 "구매하시겠습니까?"가 아니라 구매를 기정사실로 하고(계약이 이미 성사된 것으로 하고) "어떤 것으로 하시겠습니까?" 하는 질문으로 세부 선택사항을 결정하도록 도와야 한다. 그래도 좀처럼 행동하지 못하고 망설인다면 촉진제를 놓아야 한다. 아이를 출산할 때도 처음부터 촉진제를 놓지 않는다. 자연 분만을 하도록 기다려 보다가 정 어려울 것 같으면 거드는 차원에서 촉진제를 주사한다. 그렇듯이 계약할 때도 마지막까지 인

내심을 갖고 기다렸다가 흔들리거나 망설이는 고객에게 결정적인 순간에 촉진제를 놓는다.

> **MOVE의 3단계**
>
> 1단계: 핵심사항 최종 정리해 주기
> 2단계: 탈출구 봉쇄하기
> 3단계: 촉진제로 결정타 먹이기

한 번도 실수를 하지 않았다는 말은
한 번도 새로운 일을 시도해 보지 않았다는 말이다.

_ 알베르트 아인슈타인

# 결정타를 준비하는 A-B-A 화술 공식

아무리 좋은 점을 설명하고 좋은 것을 제시해도 고객은 그것을 다 기억하지 못한다. 따라서 계약을 이끌어내려면 최종으로 핵심 사항을 정리해 주어야 한다. 처음부터 다시 설명하는 것이 아니라 기억하기 쉬운 핵심 키워드를 활용해서 기억을 되살리도록 일목요연하게 정리해 주는 것이다.

'A-B-A' 화술 공식이 있다. 처음에 'A'라는 주제로 이야기를 꺼내고, 중간에 'B'로 주제를 뒷받침하는 근거와 스토리를 제시하고, 결론은 다시 'A'로 강조해야 한다는 것이다. 대개 많은 이들은 이것을 지키지 않아 A-B-C로 가고 마는데, 이러면 듣는 사람은 뭔가 듣긴 했는데 주제나 메시지가 분명하게 정리되지 않아 헷갈리게 마련이다.

말을 할 때는 반드시 앞에서 주제를 제시하고, 중간에 근거와 스토리로 엮고, 마무리에서 다시 주제를 반복해서 강조하는 A-B-A 구조를 익혀야 한다. 말을 짧고 간결하게 정리하는 버릇을 들여야 한다.

홈쇼핑에서도 7분 정도 PT를 하면 1분 정도는 반드시 정리해 주는 시간을 갖는다. 이 상품이 필요한 이유와 장점, 그리고 오늘 구매하면 특별히 얻게 되는 혜택 등을 빠르고 간결하게 정리해 주고 고객이 마음을 굳힐 수 있게 한다.

이때 주의해야 할 것이 있다. 말끝을 흐리거나 자신 없는 표현을 해서는 안 된다. 남을 설득할 때, 특히 마무리할 때 어설픈 겸양은 오히려 독이 된다. "~ 하면 좋겠다고 생각됩니다", "~같아요", "~하시면 어떨까요?"와 같은 나약한 종결어미는 쓰지 말아야 한다.

"지금 바로 전화하세요!"

쇼호스트가 이렇게 말하는 것처럼, 강력하게 실행 의지를 심어 주는 확신에 찬 목소리로 말해야 한다.

# 탈출구를
봉쇄하라

경주마는 눈 양 옆을 가린다. 주변을 볼 수 없게 만들어서 앞만 주시하며 달리는 데 집중하도록 하기 위한 조치다. 실제로 눈가리개 착용 여부에 따라 달리는 속도가 달라진다. 이처럼 고객도 한 곳만 바라보도록 만드는 요령이 필요하다.

"생즉사, 사즉생生卽死, 死卽生(살려고 하면 죽을 것이요, 죽으려고 하면 살 것이다)"이라는 말이 있다. 탈출구가 있다는 것은 다른 선택의 여지가 있다는 의미이다. 그렇게 되면 결정을 미루기가 쉽다.

## 마지막 결정타, "어떤 것으로 해드릴까요?"

이른바 '결정 장애'를 앓고 있는 사람들이 적지 않다. 상품을 구매하려고 매장에 찾아와서 계약을 하려는 순간 많은 이들이 망설인다. 그 순간 결정을 미루게 되면, 추후에 다시 와서 구매할 확률은 아주 낮다.

이런 상황에서 흔히들 한가하게 "YES OR NO"로 질문하는데, 그러면 다시 원점으로 돌아가 구매를 성사시킬 확률이 확 떨어진다.

이럴 땐 "A OR B", 즉 "A로 하실래요? 아님 B로 하실래요?"라고 "YES OR NO"를 건너뛰어 질문하는 것이 최강의 결정타가 된다. 일반 매장에서도 잠시 주저하는 고객에게 노련한 판매원은 "일시불로 하시겠습니까? 할부로 하시겠습니까?"라고 묻는다. 구매를 기정사실로 하고 자연스럽게 결제 방법을 묻는 것이다. 그러면 망설이던 고객은 대개 얼떨결에 카드를 내밀게 된다.

## 뭐가 얼마나 잘 나가는지는 중요하지 않다

홈쇼핑에서 뛰어난 쇼호스트는 최종 선택을 부담스러워하거나 두려워하는 고객이 좀 더 빨리 선택할 수 있도록 적극적으로 도와준다.

"오늘은 베이지가 잘 나가고 있네요."

실제로 이렇게 구체적인 상품 정보를 제공하며 판매를 재촉한다. 그때 베이지는 실제로 잘 팔리는 것일 수도 있고, 재고가 많아서 빨리 팔기 위해 일부러 유도하는 상품일 수도 있다.

어쨌든 이렇게 선택하는 데 도움을 주지 않으면 대부분의 고객은 선택의 기로에서 갈등하다가 아무것도 고르지 못하고 그냥 채널을 돌려 버린다. 그 편보다는 훨씬 낫지 않겠는가.

매장에서도 마찬가지다. 현명한 판매원이라면 고객이 두 가지 색상을 놓고 망설일 때 얼른 어느 한쪽을 추천해서 빨리 구매하도록 유도해야 한다.

"어머, 사장님은 얼굴이 하얘서 베이지가 어울려요. 마침 그 사이즈가 하나밖에 안 남았네요."

이러면 대개 구매하는 경우가 많다. 판매원의 도움을 고마워하며 바로 결정한다. 물론 이때 추천하는 제품도 창고에 얼마든지 더 있을 수 있다.

장사를 잘하는 사람은 일부러 매장에 물건을 쌓아 두지 않고 창고에 넣어 두는 경우도 있다. 매장에 하나만 내놓고 희소성을 강조해서 고객이 빨리 선택하도록 고민의 시간을 줄여 주는 것이다.

많은 사람이 같은 물건을 놓고 갈등할 때 판매원이 앞으로 내미는 것을 선택하게 된다.

"이것 가지실래요? 저것 가지실래요?"

이렇게 눈앞에서 선택을 유도하면 고객은 대개 판매원이 자기 앞으로 내민 것을 선택한다. 계약할 때도 마찬가지다.

"일시불로 할까요? 3개월 할부로 할까요?"

이렇게 의도를 갖고 내가 원하는 쪽인 일시불에 펜을 올려 놓으면 고객은 특별한 경우가 아니고서는 거의 다 일시불로 결제한다.

## 선택은 누구에게나 어려운 일이다

어떤 상황에서나 고객이 쉽게 상품 구매를 결정하고 사인할 것으로 생각지 말자. 고객이 계약을 앞두고 망설이는 것은 당연한 일이다. 따라서 무작정 계약을 기다리는 것보다 처음부터 어떻게 계약하고 사인할지 도와줘야 한다.

이것을 이른바 '선택 제시 전략'이라고 한다. 사람은 누구나 선택을 어려워하고 심지어는 두려워한다. 특히 고액의 상품을 구매할 때는 그 두려움이 더 커진다.

이때 고객을 배려한답시고 마냥 기다리다가는 고객을 눈앞에서 놓치기 십상이다. 최종 선택을 앞두고 망설이는 시간이 길어질수록 고객의 갈등이 깊어지는 가운데 고객은 어떻게든 뒤로 내뺄 구실을 찾게 마련이다. 이때 상대방이 도망갈 틈을 주지 말아야 한다. 바로 눈앞에서 선택하도록 구체적인 상품을 제시하며 고객이 빠져나갈 탈출구를 막아야 한다.

어느 동아리의 신입회원 환영회를 생각해 보자. 신입회원에게 다짜고짜 다음과 같이 말하며 선택을 강요한다면 그 신입회원의 기분이 어떻겠는가?

"당신이 주인공이니까 알아서 환영회 시간과 장소 정하고, 메뉴도 선택하세요."

부담감을 갖는 것은 물론이고 심지어 가입을 후회할지도 모른다. 이때 누군가 옆에서 선택하도록 도와주면 어떻겠는가? 그 사람의 의견을 따라 쉽게 결정하고 이후에도 고마워하는 마음을 갖는 것은 당연하다.

고객은 신입회원과 다를 바 없다. 이제 새로운 세계에 뛰어들어 계약을 앞두고 선택을 두려워하는 것은 당연하다. 마치 신입회원을 배려하는 마음으로 망설이는 고객 옆에서 부추기며 바로 선택할 수 있도록 도와주는 것은 마케터로서 응당 해야 할 일이다.

### 어떤 점이 맘에 드셨나요?

필자도 방판 영업이나 보험 영업 경험이 있다. 수십 번의 거절 끝에 드디어 주문서나 청약서에 사인을 받으면 허겁지겁 자리를 뜨기 바빴다. 혹여 고객이 사인을 취소할까봐 그런 것이다.

지금 와서 생각하니 참 바보 같은 행동이어서 낯이 뜨거워진다. 많은 초보자들이 나 같은 실수를 할 것이다. 고객은 마지막 사인을 하는 순간까지 불안해할 수 있고, 사인을 한 후에도 마음이 돌아설 가능성이 있다. 그러나 일단 결정을 했기 때문에 일관성이 생긴다. 자신의 결정에 책임을 지려고 하고, 그 타당한 이유를 사인하기 전보다 더 긍정적으로 보게 된다. 이때 확실하게 굳히기를 해 주면 향후 취소할 일은 거의 없다.

그러니 계약이 성사된 후에 자리를 급하게 뜨면 안 된다. 입장 바꿔서 생각해 보자. 계약을 했다는 것은 같은 편이 된 것이다. 이제는 편안한 마음으로 궁금한 것을 물어보고 싶어 하는 것이 고객의 마음일 것이다. 또한 자기 선택이 옳았다는 것을 확인받고 싶어 한다. 그런데 세일즈맨이 계약하자마자 황급히 자리를 뜬다면 뭔가 속았다는 느낌이 들지 않겠는가? 선택을 완료했다면 그의 선택이 옳은 것이었다는 확신을 주고 안심시켜야 한다.

다만 그때 "구매해 주셔서 고맙습니다!" 하는 의례적인 치사는 피하는 것이 좋다. 이것은 상대방이 아니라 나의 이익만을 적나라하게 드러내는 행위다. 그보다는 고객의 이익을 강조하는 것이 좋다.

"훌륭한 선택을 하셨습니다. 결코 후회하지 않으실 겁니다!"

이렇게 상대방이 좋은 선택을 했으며, 선택에 대해 충분히 보상받게 될 것이라는 메시지의 전달이 중요하다.

그리고 질문을 던져 보자.

"어떤 점이 맘에 드셔서 결정하셨나요?"

이때 향후 다른 고객을 설득할 유용한 정보를 얻을 수 있다.

"사실 처음엔 별로였는데 자네가 열심히 설명하는 모습에서 믿음이 갔네."

"디자인이 마음에 안 들어서 망설였는데, 기능을 높이기 위해 일부러 이렇게 만들었다는 말을 듣고 납득이 되었어요."

# 촉진하라

"집사람한테 물어봐야 하는데…."

탈출구를 막고 선택의 기회를 줬는데도 바로 계약하지 않고 이렇게 빼는 사람이 있다. 이때는 지체 없이 촉진제를 투여해야 한다. 고객에게 추가 이익을 제시하는 것이다.

바로 선택하지 않고 망설일 때, 선택을 자꾸만 뒤로 미룰 때 바로 지금 선택했을 때 생기는 혜택을 제시한다.

애초에 상품에 포함되어 있는 당연한 혜택이라도 처음부터 내놓지 않고 단계적으로 내놓는 게 좋은 이유가 여기에 있다. 자꾸만 선택을 미루는 고객에게 추가 혜택이 있다고 하면 십중팔구는 넘어오게 마련이다.

$$\frac{이익 \uparrow}{시간 \downarrow} = 행동 \uparrow$$

위 도표는 필자가 만든 설득의 공식이다.

행동 값을 높이려면 분자인 이익을 높여야 한다. 하지만 고객의 이익을 한정 없이 높여 줄 수는 없다. 고객의 이익은 나의 이익과 상반되기 때문이다. 내 이익을 너무 챙기면 고객의 이익이 줄어들고, 고객의 이익을 너무 높여 주면 내 이익이 남지 않게 된다.

고객만족도 중요하지만 회사에서 정해 준 한계선, 즉 최소한의 영업이익마저 포기하면 안 된다. 그마저 포기한다면 기업이나 세일즈맨의 존재이유가 없다. 너무도 당연한 이야기다.

그동안 고객에게 줄 수 있는 혜택을 다 제시해서 더는 제시할 것이 없는데도 상대가 움직이지 않는다면 최종으로 눈에 보이지 않는 촉진제를 활용해야 한다.

그것이 위 도표의 분모에 있는 '시간'이다. 학생은 시험 기간이 되어야 공부를 열심히 하고, 영업사원은 마감

시간이 다가올 때 실적이 올라간다. 사람들은 눈앞에 닥쳐야 재게 움직이는 버릇이 있다.

이런 심리를 이용해서 시간을 한정하는 촉진제를 쓰는 것이다. 홈쇼핑에서 흔히 듣는 멘트가 이에 해당한다.

"지금 상품이 많지 않습니다."

"마감되면 더는 혜택이 없습니다."

"이 조건으로 드리는 것은 지금이 마지막 기회입니다."

"지금 드리는 혜택이 최고입니다."

그동안 이 촉진제는 남용되어 왔으므로 내성이 생긴 고객도 있으련만 아직도 효과는 상상을 초월한다. 지금도 "오늘이 마지막"을 외치는 상술이 통하고 있다. 사기를 치는 것이 아니라면, 고객에게 줄 수 있는 혜택을 최대한 제시했는데 선택을 망설인다면, 과감히 최종 선택을 유도하는 촉진제로 활용할 수 있어야 한다.

그러면 구매를 망설이거나 미루는 사람이 바로 구매로 돌아서는 짜릿한 경험을 맛볼 수 있다.

세일즈에서 설득의 최종 목적은 고객의 지갑을 열어 구매를 완성하는 데 있다. 오직 구매로 연결하기 위해 인간의 심리를 교묘하게 이용해서 갖은 설득 전략을 펴는 것이다.

그중에 시간을 한정해서 재촉하는 촉진제는 구매의 최종단계에서 가장 큰 효과를 불러온다.

요즘 홈쇼핑 채널을 보면 아래쪽에 마감시간을 보여준다. 시청자에게 시간이 자꾸만 줄어드는 것을 보여주면서 구매를 결정하도록 재촉하는 촉진제로 활용하는 것이다. 때로는 "'째깍! 째깍!" 소리까지 들리게 하니 시청자 입장에서는 환장할 노릇이다.

오프라인도 마찬가지다. 대개 세일 마지막 날 사람들이 몰리면 똑같이 외친다.

"자, 오늘이 마지막입니다."

"다시는 이런 혜택이 없습니다."

사람들은 언젠가 또 이런 세일이 있을 거라는 것을 잊은 듯이 그 자리에서 앞다퉈 구매하는 경우가 더 많다.

"생방송 중에만 드리는 특별한 혜택…!!!"

이 또한 "방송이 끝나기 전에 구매해 달라"는 촉진제다. 얼핏 보기에는 생방송 중에 구매하는 사람들에게만 주는 한정 상품인 것 같지만, 엄밀히 따지면 시간에 쫓김으로써 조급증에 빠져드는 심리를 이용한 것이다.

물론 촉진제에는 한정된 시간만 있는 게 아니다.

예를 들면 홈쇼핑에서 예쁜 샌들을 방송하고 있다. 예쁘긴 한데 사고 싶은 생각이 없다. 방송 시간이 얼마 남지 않았다고 해서 조급하지도 않다. 그런데 쇼호스트가 이렇게 말한다.

"지금 화이트 색상은 거의 없습니다. 방송을 시작한 지 얼마 되지 않았는데, 수량이 워낙 빠르게 빠져나가서 곧 매진될 것 같습니다. 지금 수화기를 드셔야 합니다!"

이럴 때 자기도 모르게 전화기 버튼을 누르는 사람들이 많다. 이는 수량을 한정해서 촉진제로 활용한 사례이다. 즉, 남은 수량이 얼마 없으니 구매 경쟁력이 높아진다는 것을 강조해서 구매를 촉진하는 전략을 구사하고 있다.

# POSITIVE ENERGY

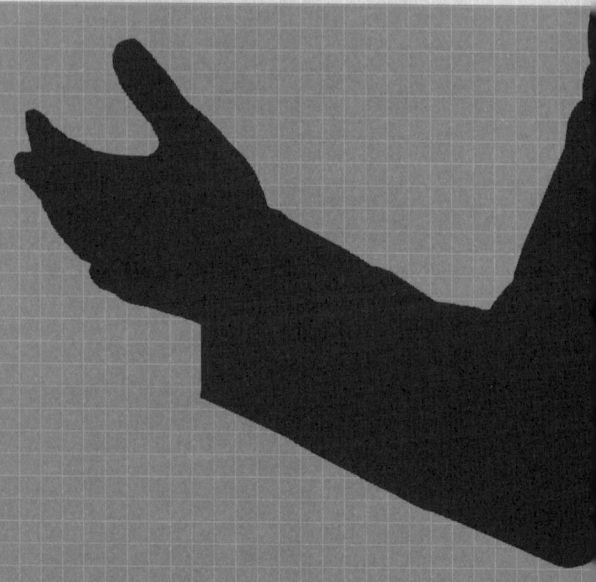

# Part 5

# 설득은 절대 긍정이다

Opportunity is now here or
opportunity is no where.
(기회는 지금 여기에 있을 수 있지만
어디에도 없을 수 있다.)
_강영우, 《꿈이 있으면 미래가 있다》

# 지기지피하라

세상에 그 어느 것도 완벽할 수 없다. 따라서 그 안에서 장점을 찾으면 장점으로 만들 수 있다.

나를 안다는 것은 절대 긍정을 전제로 한다. 그러면 반드시 단점보다 장점이 더 눈에 띄게 마련인데, 바로 그 장점을 부각해 내 것으로 만들면 된다.

그렇다고 단점을 감추거나 과대 포장하라는 것이 아니다. 당당히 단점을 인정하고, 그 단점 이면의 장점을 부각해서 내 것으로 만들어야 한다는 것이다.

《손자孫子》〈모공謀攻〉 편에 보면 "상대방을 알고 자신을 알면 백 번 싸워도 위태롭지 않으며, 상대방을 알지 못하고 자신을 알면 한 번 이기고 한 번 지며, 상대방도 자신도 알지 못하면 싸울 때마다 반드시 위태롭다知彼知己 百戰不殆, 不知彼而知己 一勝一負, 不知彼不知己 每戰必殆"고 했다.

여기서 '지피지기'知彼知己가 나온 것인데, 나는 OBM 설득 마케팅을 기획하면서 이것을 바꿨다. 지기지피知己知彼, 즉 나를 먼저 알고 상대방을 알아야 한다는 것을 강조하기 위한 것이다.

누군가를 설득하기 위해서는 무엇보다 먼저 나를 설득할 수 있어야 한다. 그러려면 절대 긍정으로 지기지피하는 당당한 마음을 지녀야 한다.

아무리 좋은 상품이라도 먼저 내가 만족하지 못하면, 즉 나 자신을 완벽하게 설득하지 못하면 그 누구도 설득할 수 없다. 아무리 풍부한 지식과 뛰어난 언변을 보인다 하더라도 나 자신부터 완전히 설득하지 못한 말이라면 상대방에게 공허한 메아리처럼 들릴 뿐이다. 아무리 좋은 상품을 제시하더라도 자신에게 당당하지 못한 만큼 상대방에게 그 기운이 전달되어 설득할 수 없다.

## 물건이 아닌 사람을 파는 일

가수 김완선 씨한테 남편감을 소개해 주는 TV 프로그램이 있었다. 남편감을 소개하는 데 최종으로 성공하면 1,000만 원을 받는 프로그램이다 보니 수많은 사람이 지원했다. 일반인뿐만 아니라 방송인 홍록기 씨와 같은 유명인들도 도전할 정도로 인기가 대단했다.

그때 나는 패널 중 한 사람이 펑크를 내는 바람에 녹화 하루 전에 연락을 받고 섭외에 응했다.

나를 제외한 11명은 이미 수백 대 일의 예선을 뚫고 선정되었기 때문에 그들이 소개하는 신랑감은 흔히 말하는 스펙이며 외모며 말솜씨가 보통이 아니었다.

반면에 나는 갑작스러운 캐스팅이라 상대적으로 시간이 부족했고, 내가 소개하려는 신랑감 역시 갑작스러운 섭외로 아무 준비도 못한 채 녹화 현장에 나타났다. 다른 스펙이나 조건을 살펴볼 시간이 없었으므로 당연히 다른 경쟁자에 비해 여러 모로 부족할 수밖에 없었다.

그런데 홍록기 씨를 비롯한 11명은 그들의 파트너와 친한 사이여서 서로 잘 알고 있었다. 애초에 공정한 게임이 될 수 있는 상황이 아니었다.

하지만 나는 절대 긍정으로 지기지피를 잊지 않았다. 조건이 열악하다고 핑계를 대는 것은 내 사전에 용납할 수 없는 일이었다.

나는 녹화 당일 처음 만난 신랑감과 녹화 직전까지 대화를 나누면서 일종의 상품인 그 친구의 장점을 찾기 시작했다. 하지만 이야기를 나누면 나눌수록 암담해졌다. 나이는 제일 어렸고, 말투는 어눌하고, 수줍음도 많았는데, 게다가 기라성 같은 경쟁자들을 보고 주눅이 들어 있었다. 실제로 중매에 성공하더라도 나이 차가 많았기에 김완선 씨의 선택을 받을 수 있는 조건에서 멀어져 있었다. 외모 또한 특별히 내세울 것이 없었다.

하지만 나는 절대 긍정으로 그에게 자신감을 심어 주는 동시에 끊임없이 나 자신을 설득했다.

'괜찮아, 이 정도면 훌륭한 신랑감이야. 말을 잘 못하는 것은 단점이 아니야. 오히려 순수하고 진실하게 보일 수 있어. 다들 출중한 외모이긴 하지만 내가 소개하는 신랑감도 이 정도면 최악은 아냐.'

나는 수없이 이렇게 되뇌며 그 신랑감의 장·단점을 분

석하기 시작했다.

방송 미션은 12명의 패널이 중매쟁이가 되어 30초 동안 신랑감을 소개하여 김완선 씨의 선택을 받게 하는 것이다. 신랑감들은 뒤로 돌아앉아 있고 김완선 씨는 중매쟁이가 30초 동안 소개하는 말을 들은 후 결정을 내리면 된다.

최종전까지는 세 번의 기회가 있다. 각 미션마다 두 번의 버저를 눌러 두 명의 후보자를 뽑을 수 있다. 미션이 3개가 주어졌으니, 매 미션마다 두 명을 뽑아 절반인 여섯 명만 1차 관문을 통과하는 것이다. 나는 큰 욕심 내지 않고 1차 통과를 목표로 삼았다.

첫 번째 미션은 '외모'다. 중매쟁이가 신랑감의 외모를 소개해서 김완선 씨의 선택을 받아야 한다. 더욱 나빴던 상황은 12명 중 내가 1번 자리에 앉은 것이다. 내가 소개할 신랑감의 외모는 지극히 평범해서 별로 내세울 것이 없었다. 본인도 인정한 바였다.

하지만 여기서 흔들리면 안 된다. 나는 OBM 공식을 활용하기로 했다. 30초 안에 OBM 공식을 적용해서 김완선 씨가 내 파트너를 선택하도록 설득하는 멘트를 준비했다. 어떠한 상황에서도 거짓말은 안 된다. 절대 긍정의 믿음으로 진심을 담아 김완선 씨를 설득해 보자고 마음먹었다.

### : 첫 번째 단계 OPEN

첫 마디로 호감을 사야 했다.

"오늘은 절대로 충동구매 유발하지 않겠습니다. 제가 추천하는 신랑감은 181cm의 큰 키로 떡 벌어진 어깨에 70kg의 날씬한 몸매인데요."

이번에는 궁금하게 해서 갈등을 일으킬 차례다.

"이 분은 잘생긴 얼굴은 아닙니다. 그런데 디자인만 보고 상품을 사게 되면 더 예쁜 디자인이 나오면 바꾸고 싶어집니다. 그러나 상품의 소재가 좋고 정말 만족스러운데 A/S까지 잘 된다면, 그 상품은 정말 오래 쓰고 싶겠죠?"

남편감을 고를 때 외모만 보면 안 된다, 외모는 중요하지 않다는 것을 돌려서 말한 것이다.

### : 두 번째 단계 BELIEVE

30초라는 시간 제약이 있기에 차별성과 이익을 강조

했다.

"이 분은 테스토스테론(남성 호르몬)이 풍부한 얼굴을 가졌습니다. 테스토스테론이 많으면 진지하고 열정적이거든요?"

실제로 내 파트너의 얼굴을 자세히 관찰해 보니 눈이 작고 선이 굵어서 남자답게 생겼다. 남성 호르몬이 많으면 이런 얼굴을 가진다고 한다.

남과 다른 차별화된 특징. 나는 상대적으로 떨어지는 외모보다 왕성한 남성 호르몬에 승부를 걸었다.

: 마지막 단계 MOVE

"그런 얼굴이 보고 싶으세요? 그럼 눌러 주세요."

구체적인 선택 방법을 제시하고 촉진했다. 여기까지 정확하게 30초가 걸렸다.

내 이야기가 끝나자마자 김완선 씨는 바로 버저를 눌렀다. 첫 번째 미션이라 12명 중 두 명만 선택해야 하는데, 그중 하나의 카드를 단번에 써 버린 것이다.

"나머지 11명은 어떡하라고?"

실제 이런 탄식이 흘러나왔다. 순식간에 나머지 사람

들은 시작도 하기 전에 11:1이라는 경쟁률에 놓여 버린 것이다.

"왜 그리 급하게 선택하셨어요?"

진행자가 질문을 하자 김완선 씨는 이렇게 대답했다.

"왠지 누르지 않으면 안 될 것 같은 다급함을 느꼈어요."

지금도 김완선 씨의 그 말이 강렬한 여운으로 울린다. 이 부분은 글만으로는 실감할 수 없으니 모 대학의 최고 경영자 과정에서 강의한 영상을 첨부한다. 링크된 동영상을 꼭 확인하기 바란다. (유튜브 검색 : '설득박사 김효석 30초 스피치-김완선 시집 보내기')

30초 설득

나는 이 세상에 완벽한 남자는 없다고 생각한다. 내가 소개하는 상품이 이 세상에서 제일 좋은 상품이 아닐 수도 있다. 그러나 평가는 객관적으로 할 수 있지만 선택은 주관적인 판단으로 한다. 나는 철저하게 상품을 주관적으로 바라본다. 남들이 뭐라고 해도 내가 선택한 상품은, 내가 팔아야 하는 상품은 이 세상에서 가장 좋은 상품이라고 생각한다. 이 남자를 만든 부모에게는 이 남자가 세상에서 제일 소중하다. 이 상품을 만든 사장은 자신의 상품이 세상에서 제일 좋은 상품이라는 자부심을 갖고 있다. 부모의 마음으로, 사장의 마음으로 내가 판매할 상품을 바라보자. 그러면 나를 완벽하게 설득할 수 있다.

이렇게 생각하니까 남들이 보지 못하는 상품의 장점이 보이기 시작한다. 그러면 고객 앞에서 당당해질 수밖에 없다. 김완선 씨가 첫 판에 내 파트너를 선택한 것은 내가 이런 마음으로 당당하게 소개했기 때문이라고 확신한다.

자신감을 갖고 당당하게 표현하는 것은 매우 중요한 설득 전략이다. 같은 말을 해도 상대방에게 꼭 선택하게 만드는 기운을 전달할 수 있기 때문이다.

## 긍정적인 말은 긍정적인 삶을 부른다

영업을 오래 하다 보니 생각 자체가 초긍정적으로 바뀌었다. 사람을 만나도 긍정적인 면을 먼저 보고, 쇼핑 때도 단점보다는 장점을 먼저 보는 습관이 생겼다. 물론 그 때문에 손해도 많이 본다. 하지만 걱정하지 않는다. 이런 내 성격까지도 난 긍정적으로 생각하기 때문이다.

부정적인 말은 하지도, 듣지도, 전하지도 말아야 한다. 부정적인 말은 부정을 타는 말이다.

"우리 인생은 마음가짐에 따라 달라진다."

로마의 황제이자 위대한 철학자인 마르쿠스 아우렐리우스의 말이다. 외부 조건이 우리에게 큰 작용을 하지 못한다는 의미를 담고 있다.

"내 인생에서 행복했던 날은 고작 엿새뿐이었다."

나폴레옹은 어떤가? 엄청난 권력과 명예, 부를 누린 나폴레옹이 아이러니하게도 이런 말을 남겼다는 것은 새겨 볼 만하다.

똑같은 상황에서 무엇을 선택하는지는 자신에게 달려 있다. 나폴레옹처럼 부정적인 자세를 보일 수도 있고, 그 반대를 선택할 수도 있다. 중요한 것은 부정적인 말은 바이러스처럼 빠른 속도로 번져 간다는 것을 알아야 한다.

반대로 긍정적인 말은 주변 사람들까지 긍정적으로 만

드는 힘이 있다. 실제로 밝고 명랑한 말을 하는 사람 곁에 있으면 어느새 나 자신도 모르게 기분이 밝아지는 것을 느끼곤 한다.

말은 자신의 감정과 삶의 양식을 전달하는 가장 강력한 수단이다. 따라서 지금 내가 어떤 말을 하느냐에 따라 주위에 긍정 혹은 부정의 바이러스를 퍼뜨린다는 것을 알아야 한다. 지금 이 순간 나는 긍정의 언어를 쓰는지, 아니면 부정의 언어를 쓰는지 성찰할 필요가 있다.

그리고 선택해야 한다. 긍정의 삶을 살고 싶다면 긍정의 말을 선택하고, 부정의 삶을 살고 싶다면 부정의 말을 계속 쓰면 된다.

자신이 선택한 삶에 대한 책임은 온전히 자신이 져야 한다. 성공하고 싶다면 어떤 말을 선택해야 할지 분명히 알아 두자.

# 오버하라!

커뮤니케이션 전문가 스캐넬Scannell 교수는 그의 저서 《리더십을 위한 커뮤니케이션》에서 같은 언어와 문화 속에서 조직원 상하 간 커뮤니케이션의 전달률은 최대 70%를 넘지 않는다고 했다. 이를테면 1분 동안 들은 이야기를 5분 후에 다른 사람에게 해 보라고 하니 최대 70% 이상은 전달하지 못한다는 결과가 나왔다.

나는 강의 중에 같은 실험을 해 본다. 옆 사람에게 3분 동안 자신을 소개하고, 그 말을 들은 동료에게 들은 그대로 소개하라고 하면 1분을 채우는 것도 힘겨워한다. 물론 내용도 뒤죽박죽이다. 그런데 우리는 착각한다. 내가 한 이야기를 상대방이 다 알아들었을 것이라고….

상대방에게 내가 전하고자 하는 바를 전할 때는 그 이상으로 말해야 목적을 이룰 수 있다. 즉, 내가 한 말의 100% 효과를 얻으려면 적어도 150% 이상은 해야 한다는 것이다. 특히 말하는 것을 직업으로 삼는 이들은 이 말을 더욱 가슴에 새겨야 한다.

그렇다면 어떻게 150% 이상으로 상대방에게 말해야 할까? 방법은 의외로 간단하다. 말을 할 때 억양이나 행동, 표정을 더욱 오버해서 표현하는 것이다. 오버라고 해서 거짓말이나 개그를 하라는 것이 아니다. 좀 더 적극적으로 자신의 생각과 의견을 표현하라는 말이다.

〈님아, 그 강을 건너지 마오〉라는 영화가 있다. 주인공인 할아버지와 할머니는 평생 오버해서 사랑 표현을 했다. 그분들은 행복해서 오버한 것이 아니라 평소에 오버했기에 행복하게 살았다.

사회 초년생으로 뭔가를 보여줘야 하는 풋풋한 새내기 시절 나는 상사가 부르면 오버하면서 달려갔다.

"예, 부르셨습니까?"

"예, 감사합니다! 열심히 하겠습니다!"

상사가 심부름을 시키면 결코 걸어가지 않았다. 오히려 더 신나게 뛰어다녔다. 어떨 때는 엘리베이터가 있어도 그냥 계단으로 뛰어올라 갔다.

"헉! 헉! 선배님 다녀왔습니다."

한두 번이면 형식이다 싶겠지만, 매사에 이렇게 일을 처리하니 다들 좋아했다. 무슨 일을 하든지 진심으로 오버해서 배 이상의 힘을 쏟았다.

물론 오버는 가식적인 행동만으로 이뤄져서는 안 된다. 진심에서 우러나오지 않은 오버는 상대방에게 오히려 불쾌감을 줄 수 있다. 속셈을 감추고 연기하듯이 오버하는 것은 부정적인 이미지를 오래 각인시켜 상대방이 나를 경계하게 만드는 부작용을 불러일으킬 수 있다. 그러니 평소에 진심을 담아 꾸준히 변함없는 모습으로 오버하는 습관을 들여야 한다.

지천명知天命을 바라보는 나는 지금도 오버한다. 때로는 너무 강렬한 오버에 거부감을 나타내는 사람도 있다. 하지만 모든 사람에게 인정받고 사랑받을 수는 없는 노릇이다. 그것은 아무리 욕심을 부려봤자 불가능한 환상이다. 사람은 성향과 기질에 따라 저마다 호불호가 다르다.

그러니 어떻게 동시에 모든 사람의 비위를 맞추고 모든 사람의 눈에 들 수 있단 말인가?

우리는 어쩔 수 없이 선택해야 한다. 더 많은 것을 얻기 위해서 일부는 내려놓을 줄도 알아야 한다. 어차피 성공은 확률 게임이다.

오버는 내게 성공의 확률을 높여 주었다. 잃는 것보다 얻는 것이 훨씬 많았다. 무엇보다 열정 넘치는 삶을 살게 해 주었고, 주변 사람들로부터는 옆에 있으면 열정을 불러일으킨다는 말을 많이 들을 수 있었다.

설령 주변에 오버를 싫어하는 사람이 있을지라도 내 경험으로 봤을 때 오버는 잃는 것보다 얻는 것이 훨씬 많다.

여러분도 이제 오버할 때가 왔다. 책 내용에 100% 공감하지 못할 수도 있다. 저마다의 상황이 다르기에 바로 적용하기 어려운 부분도 있을 것이다.

그러나 공감한다면, 하나라도 도움이 되었다면, 책 내용보다 150% 이상 도전해 보기 바란다. 그리고 혼자 실천하기보다는, 이 책으로 토론하고 격려하며 함께하는 자리를 만들어 갔으면 한다.

다음 그래프는 독일의 심리학자로 실험심리학의 선구

자인 헤르만 에빙하우스Hermann Ebbinghaus가 연구하여 발표한 이른바 '에빙하우스의 망각곡선'이다.

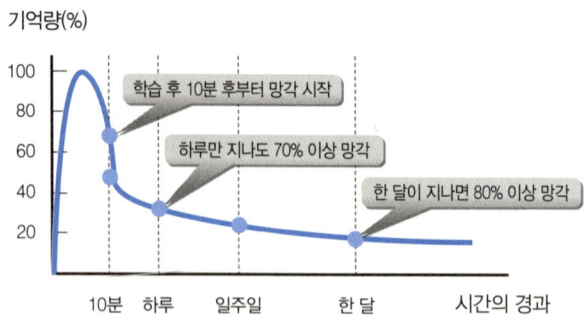

사람은 망각의 동물이기에 새로운 걸 봐도 10분 후부터 망각이 시작되어 1시간 뒤에는 50%, 하루 뒤에는 70%, 한 달 뒤에는 80% 이상 망각하게 된다고 한다. 따라서 한 번 배운 것을 오래 기억하고 싶다면 망각 주기에 맞춰 한 번 더 기억을 되새겨 보는 것이 좋다.

모쪼록 독자 여러분도 이 책을 통해 얻은 것이 있다면 망각곡선의 주기에 따라 반복해서 실천하길 바란다. 그러다 보면 어느새 OBM 설득 마케팅의 달인이 되어 있을 것이다.

**에필로그**

# 공감共感하면 감동感動하고, 감동하면 동행同行한다

 나와는 전혀 상관 없는 남의 일로 엉엉 울기도, 불 같이 화를 내기도 한다. 그것도 바쁜 시간을 쪼개 어렵게 짬을 내고, 돈까지 써 가면서 말이다. 이처럼 논리적으로는 말도 안 되는 일을 매일 같이 수십, 수백, 수천 만 명이 지금도 행하고 있다. 믿기지 않는가?

 사실이다. 바로 영화관에 가는 일이다. 영화는 소설처럼 대개 허구다. 있을 법한 일이지만, 실제의 일은 아니다. 물론 실화를 바탕으로 한 영화도 많다. 하지만 그 역시 사실을 바탕으로 한 허구지, 실제 인물이 그 시대로 타임머신을 타고 돌아가서 생중계를 하는 건 아니다.

많은 사람들은 영화관에 가기 위해 시간을 내고 돈을 쓰며, 굳이 그곳까지 가서 영화를 보며 울고 웃고 분노하기도 한다. 심지어 사실에 바탕을 둔 이야기가 아닌 허무맹랑한 SF 영화를 보면서도 말이다.

그런데 영화가 끝나고 나오는 사람들을 가만 보면 재미있는 현상을 발견할 수 있다. 표정에 변화가 별로 없는 사람이 있다. 영화를 보면서 별다른 감흥이 없었다는 것이다. 이런 반응을 보이는 사람들은 대부분 돈이 아깝다는 생각을 하고 있다.

반면, 울었거나 웃었거나 분노했거나 간에 실컷 감정을 표출한 사람들은 영화관 안에서 느꼈던 감정이 아직도 얼굴에 남아서 상기된 표정이다. 그런 사람들은 돈이 아깝다는 생각을 하지 않는다. 오히려 영화 보러 오길 잘했다고 생각하며 다음에는 누구랑 무슨 영화를 볼까를 궁리한다. 어차피 시간과 돈을 써 가며 남들 사는 이야기 구경하러 간 것인데, 이렇게 다르다.

필자는 같은 영화를 극장에서만 7번 본 적이 있다. 그리고 VHS 비디오테이프까지 구입해서 소장하기도 했다. 감수성 예민한 고등학교 1학년 때다.

당대의 홍콩 최고 스타 장국영과 왕조현이 주연으로 열연한 판타지 시대극 〈천녀유혼〉이다. 억울하게 죽은 처녀가 귀신이 되어 지하 마왕에게 영혼을 사로잡힌다. 처녀귀신은 아름다운 외모로 살아있는 사람을 꾀어 마왕에게 제물로 바치는데, 한 청년을 제물로 바치려다 그의 순수함에 감명을 받아 마왕 몰래 살려준다. 그 청년은 그녀 또한 억울하게 죽임을 당해 영혼이 사로잡혔다는 것을 알게 되고, 악귀를 잡는 한 도인의 도움을 받아 마왕을 없애고 처녀귀신의 영혼을 구해 환생할 수 있도록 도와준다. 이루어질 수 없는 사랑을 주제로 한 애잔한 영화다. 한마디로 말하면, 음… 예쁜 여배우 나오는 귀신영화다. 물론 지금도 구성이나 영상 등 여러 가지로 잘 만들어진 영화라고 생각한다.

아무튼 그 영화를 보고 나서 영화감독이 되어 보겠다며 대학도 영화 전공을 선택했으니, 적어도 내게는 그저 귀신영화로만 치부할 수 없는 각별한 영화다.

이렇듯 내 일도 아닌데 시간과 돈까지 써 가며 울고 웃고 분노하는 깃만으로도 부족해서, 자신의 진로까지 바꾸는 일도 일어난다. 도무지 논리적으로는 설명이 안 되는 비이성적인 일이다. 영화 볼 돈으로 음식을 사 먹는 것이 더 생산적이고 이성적이지 않을까?

하지만 인간은 밥만 먹고 살지는 못한다. 감정을 나누는 일에서 그보다 더 큰 쾌감을 느끼기도 한다.

이렇게 사람의 마음을 움직이게 하는 힘은 뭘까? 몸을 움직이는 것을 이동 혹은 운동이라고 한다면, 마음을 움직이는 것을 감동이라고 한다. 느낄 감感자에 움직일 동動자 그대로다. 느껴서 움직이게 된다는 의미이다.

설득의 궁극적인 목표가 무엇인가? 상대의 마음을 움직이는 것 아닌가? 사람들은 어떤 때에 마음이 움직이게 되는가? 바로 감동을 받을 때이다.

그렇다면 감동은 어떨 때 생기는가? 공감할 수 있어야 한다. 남의 일이 자기 일처럼 여겨질 때 우리는 함께 웃기도 하고, 울기도 하고, 안타까움으로 발을 동동 구르기도 하고, 분노로 주먹을 불끈 쥐기도 하는 등 감정이입을 하게 된다.

감정이입은 나와는 무관한 일을 마치 내 일인 것처럼 느끼는 것이다. 한마디로 '공감'하는 것이다.

이처럼 공감을 이끌어내는 가장 효율적인 방법이 바로

영화같이 표현하는 것이다. 그것도 재미있는 영화처럼 말이다. 영화는 이야기, 즉 스토리를 가지고 있다.

만약 그 스토리 구조가 탄탄하고, 배우의 연기가 리얼하며, 영상이 앞의 두 요소를 잘 보여줄 만큼 효과적이고 아름답다면 분명 많은 관객이 몰릴 것이다.

설득을 위한 스피치 또한 이래야 한다. 아무리 좋은 내용도 탄탄한 스토리 구조로 거듭나지 않으면, 상대방은 지루해하고 귀담아듣지 않는다. 그런데 어떻게 공감할 수 있겠는가?

그래서 이러한 스토리 구조를 잘 활용하기 위한 방법을 제안한다. 바로 'A-B-A' 구조를 사용하는 것이다.

영화 〈타이타닉〉에 보면, 첫 장면에 할머니가 나온다. 손녀에게 그 동안 아무에게도 하지 않았던 과거의 일을 말하면서 회상 장면으로 돌아간다. 그리고 영화의 전반적인 스토리가 흘러간다. 마지막 장면에서는 다시 할머니가 등장해서 바다로 목걸이를 던지며 과거와 그 동안 사랑했던 사람을 함께 보낸다.

이렇듯 앞과 뒤의 배경이 같은 이러한 A-B-A 구조는 설득의 효과적인 도구로 사용되고 있다.

영화 〈포레스트 검프〉에서도 깃털이 날리면서 주인공이 벤치에 앉아 있는 첫 장면에서 과거를 회상하고, 마지막 장면에서는 다시 깃털이 날아가면서 처음의 벤치가 등장한다.

〈벤허〉도 마찬가지다. 처음에 두 형제가 말을 타고 들판을 달린다. 그렇게 시작된 스토리는 여러 사건을 거치며 들판이 거대한 마차 경기장으로 변한다. 그리고 마지막 장면은 원수가 되었던 형제가 다시 화해한 후 말을 타고 들판을 달린다.

이렇듯 앞과 뒤의 상황이나 장면을 프레이밍하여 논리적으로 전달하면서 스토리를 그 안에 넣기 좋은 구조로 요리한다.

설득을 위한 프레젠테이션에서도 유용하게 사용할 수 있는 방법이다. 간단한 예를 들어 보자.

> "비행기가 추락하고 있습니다. 당신에게는 낙하산이 있습니다. 옆 사람이 팔라고 한다면 팔겠습니까?" (아니요!) "얼마를 준다고 한다면 팔겠습니까?" (목숨이 걸린 일인데… 돈이 문제가 아니죠!)

그렇죠! 목숨이 걸린 일인데, 억 만금을 준다고 해도 낙하산을 팔지 않을 겁니다. 낙하산은 추락하기 전에 준비해야만 합니다. 이미 비행을 시작했다면, 위험이 닥쳤다면 그때는 준비할 수 없습니다.

보험도 그렇습니다. 암癌에 걸렸다면, 어떤 보험회사에서도 암 보험에 가입할 수 없습니다. 건강할 때만 준비할 수 있는 특권이기도 합니다. 대한민국의 성인 4명 중 3명은 암에 걸립니다. 당신만은 피해갈 거라고 믿고 계시는 건 아니겠죠? 건강하다면, 준비하셔야 합니다. 한 달에 2만 3,500원이면 됩니다. 건강이 추락하기 전, 고작 한 달에 2만 3,500원이면 당신과 가족의 낙하산을 마련하는 겁니다!

앞서 언급한 A-B-A 구조 속에 질문의 기법과 약간의 공포 요소를 가미한 것이다.

공감共感하면 감동感動하고, 감동하면 동행同行한다.

끝까지 읽어 주신 독자 여러분께 진심으로 감사드리며, 숨쉴 때마다 조금씩 더 행복해지길 기원한다.

## 저자 소개

### 김효석

대학 시절 신문 결산공고 영업과 소화기 방문판매로 큰돈도 벌어 봤고, 첫 직장인 보험회사에 수석으로 입사해서 영업 6개월 만에 본사 핵심부서인 인사부로 발령을 받기도 했다. 이후 아나운서로 활동하다가 방송과 영업을 동시에 하는 쇼호스트에 매력을 느껴 홈쇼핑에 뛰어들어 업계 최고 기록을 경신했다. '김효석아카데미'에서 수많은 쇼호스트를 배출하는 한편 2008년 (사)한국강사협회 명강사 79호로 선정되었고, 2015년 홍익대학교 광고홍보학 박사학위를 받았다. KBS 〈아침마당〉을 비롯한 방송과 강의 그리고 저술 활동을 활발하게 펼치고 있다.
현재 (주)김효석&송희영아카데미 대표, (사)한국강사협회 자문, (사)디지털광고포럼 상임이사, (사)한국프레젠터협회 창립 수석부회장으로 활동하고 있다. 저서로는 《불황을 이기는 세일즈 전략》 등 10여 권이 있다.

홈페이지: www.kimhyoseok.com
블로그: http://blog.naver.com/musictim
이메일: pbcfm@hanmail.net

### 이경우

단국대학교 연극영화학과를 졸업하고, 배우로서 뮤지컬 〈명성황후〉, SBS 드라마 〈꿈의 궁전〉, 연극 〈미스 줄리〉, 〈요나답〉 등에 출연했다.
1999년 CJ오쇼핑에 쇼호스트로 입사하여 2014년까지 라이브 방송만 4,600여 회를 진행했다. 수천 가지의 다양한 품목을 방송하면서 2조 1,600억 원에 이르는 누적 매출을 달성하여 홈쇼핑계의 살아있는 전설로 불린다.

현재는 K쇼핑(KT그룹 쇼핑 채널)에서 활동하는 한편, OBM스피치커뮤니케이션의 수석연구원으로서 기업체, 관공서, 학교 등에서 세일즈 및 커뮤니케이션 등을 강의하고 있다. (사)한국프레젠터협회 창립이사, 국제셉테드연맹 자문위원으로도 활동하고 있다.
그 동안의 방송과 강연 등을 통해 실전에서 경험하고 익힌 세일즈와 커뮤니케이션의 원리와 노하우를 풀어 놓기 위해 저술에도 심혈을 기울이고 있다.

블로그: http://blog.naver.com/k2no1
이메일: k2no1@naver.com

## 이승훈

동국대 건축학과를 졸업하고 건축설계사무소에서 5년간 재직하는 과정에서 IMF를 맞았다. 이후 냉동업체에 입사하여 경력을 쌓은 후 사업체를 꾸려 엔지니어의 길을 걸었다.
그러다가 40대 중반에 새로운 인생을 설계하면서 강사의 길로 들어섰다. 지금까지 현장에서 쌓아 온 경험을 바탕으로 강사들의 홍보와 마케팅 관련 일에 종사하고 있다.
현재 OBM스피치커뮤니케이션 마케팅 실장, (사)한국프레젠테협회 사무국장으로 활동하고 있다.

블로그: http://blog.naver.com/karmic
이메일: karmic@naver.com